Zaubergesänge für Anfänger

Einordnung, Beispiele, Strukturen und Dynamiken

Kontakt: www.HarryEilenstein.de / Harry.Eilenstein@web.de

Impressum: Copyright: 2011 by Harry Eilenstein – Alle Rechte, insbesondere auch das der Übersetzung, vorbehalten. Kein Teil des Buches darf ohne schriftliche Genehmigung des Autors und des Verlages (nicht als Fotokopie, Mikrofilm, auf elektronischen Datenträgern oder im Internet) reproduziert, übersetzt, gespeichert oder verbreitet werden.

Herstellung und Verlag: Books on Demand GmbH, Norderstedt

ISBN: 9783751918251

Inhaltsverzeichnis

I Was ist ein Zaubergesang?

Vermutlich sind Zaubergesänge heutzutage kaum bekannt – am ehesten wird noch die Szene aus „Harry Potter und der Halbblut-Prinz" vielen aufgefallen sein, in der Severus Snape die durch den Zauberspruch „Sectrum sempra" verursachte Verletzung von Draco Malfoy durch einen Zauberspruch heilt, der „fast wie ein Gesang" klang.

Zaubergesänge haben jedoch eine lange Tradition. So steht z.B. unter manchen Texten im Ägyptischen Totenbuch der Hinweis „gut singbare Zaubersprüche". Auch in der germanischen Tradition heißt es oft, daß jemand einen Zauberspruch in seinen Schild singt und nicht, daß er ihn in seinen Schild spricht.

Zaubersprüche werden also offenbar manchmal auch gesungen und nicht nur gesprochen. Warum? Dafür muß man zunächst einmal genauer schauen, was eigentlich Gesang von normaler Sprache unterscheidet.

I 1. Die Chakren

Es gibt im Lebenskraftkörper sieben Hauptchakren, die seine „Organe" sind. Der „Lebenskraft-Kreislauf" in ihm ist die Kundalini. Diese Organe haben alle eine bestimmte Aufgabe und eine Dynamik:

die sieben Hauptchakren							
Name	*Lage*	*Funktion*	*Symmetrie*				
Scheitelchakra	Scheitel	geistiger Kontakt					
Drittes Auge	zwischen den Augenbrauen	Orientierung					
Halschakra	Halsmitte	sozialer Selbstausdruck					
Herzchakra	Brustmitte	Identität					
Sonnengeflecht	vier Fingerbreit über dem Nabel	körperlicher Selbstausdruck					
Hara	vier Fingerbreit unter dem Nabel	innerer Halt					
Wurzelchakra	zwischen Genitalien und After	körperlicher Kontakt					

Diese Chakren sind symmetrisch angeordnet:

- Quelle: innen die Identität (Herzchakra)
- inneres Chakren-Paar: Selbstausdruck (Sonnengeflecht, Halschakra)
- mittleres Chakren-Paar: Form (Hara, Drittes Auge)
- äußeres Chakren-Paar: Kontakt (Wurzelchkara, Scheitelchakra)

Diese Quelle und die drei Paare haben bestimmte Eigenschaften:

Das Herzchakra ist die Quelle und der Ursprung.
Dies entspricht dem Tiefschlaf-Bewußtsein. Es ist ohne Bewußtseinsinhalte.

Das innere Chakren-Paar (Sonnengeflecht, Halschakra) ist der hemmungslose Selbstausdruck, d.h. die Vision von dem, was man sein und leben will. In ihm sind alle Bewußtseinsinhalte.
Dies entspricht dem Unterbewußtsein.

Das mittlere Chakren-Paar (Hara, Drittes Auge) konkretisiert die Vision des eigenen Lebens im Kontakt mit der Welt.
Dies entspricht dem Wachbewußtsein. In ihm sind die Bewußtseinsinhalte, die in der augenblicklichen Situation gerade gebraucht werden.

Das äußere Chakren-Paar (Wurzelchkara, Scheitelchakra) ist das Erleben im Hier und Jetzt.
Dies entspricht dem Ekstase-Zustand. In ihm ist nur ein einziger Bewußtseinsinhalt – dieser Zustand ist einsgerichtet.

Diese vier Bereiche des Lebenskraftkörpers und der Psyche finden sich in allen Lebensbereichen wieder.

So ist z.B. der Leib die Quelle des Tuns (Herzchakra). Der ungehinderte Selbstausdruck im Tun ist der Tanz (inneres Chakren-Paar). Die Gestaltung der Welt nach den eigenen Wünschen ist die Arbeit (mittleres Chakren-Paar). Das einsgerichtete Erleben der Welt ist schließlich das genießende Essen und Trinken, der Sex, aber auch die Angst (äußeres Chakren-Paar).
Im Tun findet sich also von innen nach außen hin die Folge: „Leib – Tanz – Arbeit – Sex".

In Bezug auf die Sprache ist die Quelle die Stille (Herzchakra). Der ungehinderte Selbstausdruck ist der Gesang (inneres Chakren-Paar). Die Gestaltung der Welt geschieht mithilfe der Sprache (mittleres Chakren-Paar). Die einsgerichtete akustische Äußerung im Hier und jetzt ist ein Ausruf, ein Schrei, ein Stöhnen, das Weinen, das Lachen u.ä (äußeres Chakren-Paar).

Im Sprechen findet sich also von innen nach außen hin die Folge: „Stille – Gesang – Sprechen – Ausruf".

Der Gesang entspricht somit dem inneren Chakren-Paar, d.h. dem Sonnengeflecht und dem Halschakra. Dieser direkte Selbstausdruck, dieses „sich selber strahlen lassen", das sich auch im improvisierten Tanz und im improvisierten Musizieren findet, ist das typische Element des Gesangs. Im Singen wird das ausgedrückt, was man will, wird die eigene Vision zum Schwingen gebracht.

In den Gesang gehören keine Überlegungen, wo etwas möglich ist, mit wem oder ob überhaupt – das gehört zu dem Aufgabenbereich des Haras und des Dritten Auges, die sich um die Konkretisierung des eigenen Willens in der Welt kümmern. Sonnengeflecht und Halschakra sind dafür zuständig, hemmungslos die eigene Vision zu entfalten – sie sind nur auf die eigene Identität im Herzchakra bezogen.

Das bezieht sich jetzt natürlich nicht auf den konkreten Inhalt eines jeden Liedes, das man singen könnte, sondern nur auf die Dynamik des Singens an sich – auf die Besonderheit des Gesangs im Gegensatz zum Sprechen.

Der Gesang entspricht dem Sonnengeflecht und dem Halschakra. Dieses Chakren-Paar ist wiederum mit dem Unterbewußtsein verbunden. Daraus ergibt sich, daß auch der Gesang einen Verbindung zum Unterbwußtsein haben muß.

Das Unterbewußtsein mit seinen ganzen Bildern ist wiederum ein Teil des kollektiven Unterbewußtseins mit seinen Urbildern. Die beiden Begriffe „Urbild" und „Archetyp" sind nur andere Bezeichnungen für „Gottheiten".

> Zum einen ist der Gesang dafür geeignet, das auszudrücken, was man will – weil sich diese beiden Chakren ganz auf das Herzchakra beziehen, in dem die eigene Identität (Seele) ruht.
>
> Zum anderen ist der Gesang dafür geeignet, Gottheiten anzurufen und sich mit ihnen zu verbinden – weil der Gesang über das individuelle Unterbewußtsein einen direkten Zugang zu dem kollektiven Unterbewußtsein hat, von dem es ein Teil ist.

Daraus ergibt sich eine Arbeitsteilung der vier sprachlichen Möglichkeiten in der Magie:

> Die Wurzeln liegen in der Identität, d.h. in der Seele im Herzchakra. Um sie zu finden und zu erleben, ist die Stille die passende Form.

Das Wecken der Motivation, das Strahlenlassen des Willens, das Rufen von Kraft, die <u>Anrufung</u> von Gottheiten erfordert ein Schwingen, eine eindeutige innere Ausrichtung, eine Widerspruchsfreiheit, eine Hemmungslosigkeit, eine vollkommene Selbstbejahung. Dies geschieht im Sonnengeflecht und im Halschakra. Die passende Form dafür ist der <u>Gesang</u>.

Das Ordnen, Strukturieren, <u>Prägen</u>, Lenken und Gestalten der Welt geschieht durch das Hara und das Dritte Auge. Die passende Form dafür ist die <u>Sprache</u>.

Das <u>Erden</u>, das „auf den Punkt bringen", die „eigene Unterschrift" am Ende des Rituals (das indianische „Ho!", das christliche „Amen"), das in die Welt schicken der magischen Wirkung geschieht im Wurzelchakra und im Scheitelchakra durch einen einzelnen Laut oder durch ein einzelnes Wort. Die passende Form dafür ist der <u>Ausruf</u>.

Der Zaubergesang hat folglich viele Aufgabe:

- das eigene Innere als Einheit schwingen zu lassen,
- sich in eine Einsgerichtetheit der Ausrichtung zu bringen,
- in Selbstbejahung und Selbstliebe zu schwingen,
- das eigene Bewußtsein mit dem zu erfüllen, was man wirklich ist,
- sich selber auszudrücken,
- den eigenen Willen strahlen zu lassen,
- sich selber mit anderen Magiern in dem Ritual in Einklang zu bringen,
- das eigene individuelle Unterbewußtsein (Bilder) mit dem kollektiven Unterbewußtsein (Urbilder) zu verbinden,
- Kraft zu rufen,
- sich mit einer Gottheit zu verbinden,
  usw.

Zu dem Bereich des individuellen Unterbewußtseins und des kollektiven Unterbewußtseins gehören auch die Telepathie und die Telekinese – sie sind die Wahrnehmungsfähigkeit und die Handlungsfähigkeit des individuellen und des kollektiven Unterbewußtseins. Da man letztlich die gesamte Magie auf Telepathie und Telekinese zurückführen kann, ist der Gesang eine Möglichkeit, diese magische Wahrnehmungsfähigkeit und diese magische Handlungsfähigkeit zu aktivieren.

Durch den magischen Gesang kann man in einen Traumreisen-ähnlichen Zustand kommen, in dem man mit der inneren Bilderwelt verbunden ist – nicht nur mit den Bildern im eigenen Unterbewußtsein, sondern auch mit den Bildern in anderen und allgemein im kollektiven Unterbewußtsein. Sowohl die Traumreise als auch der Gesang sind eine Verbindung und Koordination von Wachbewußtsein und Unterbewußtsein einschließlich des kollektiven Unterbewußtseins.

Der Gesang ist der „Strom-Anschluß" des Rituals, dessen Konstruktion durch die Sprache geschieht. Das Funktionieren der „Ritual-Maschine" führt dann zu dem Ausruf. Das Ganze ist aus der Stille heraus entstanden.

Durch den Gesang weckt man die Vision von sich selber in sich und auch die Gottheiten, die dann zu dem Singenden kommen.

I 2.   Die Übergänge zwischen Gesang und Sprache

Der Übergang von Sprache zu Gesang hat mehrere Aspekte, da auch der Gesang mehrere Eigenschaften hat.

I 2. a)   Das Schwingen

Das grundlegende Element des Gesanges ist das Schwingen. Das läßt sich am besten erkennen, wenn man das Wort „eins" einmal spricht und einmal singt. Der Gesang enthält eine gleichbleibende Kraft – so wie der Selbstausdruck auch ein gleichbleibendes Strahlen der eigenen Individualität ist.

Ein gesprochenes Wort ist wie eine Handwerks-Arbeit – etwas wird in eine passende Form gebracht. Das gesungene Wort ist hingegen wie ein Schwingen – etwas erhält Kraft und wird kraftvoll gehalten.

I 2. b)   Die Sprachmelodie

Es gibt nicht einfach nur „Gesang" und „Sprache", sondern viele Übergänge zwischen diesen beiden akustischen Ausdrucksmitteln.

Ganz am „Sprach-Ende" dieser Skala steht die tonlose Sprache, also die Sprache ohne Sprachmelodie – die wie ein altertümlicher Computer klingt.

Der merkwürdige technische Klang eines solchen betonungslosen Sprechens zeigt schon, daß die Sprache nur selten ganz „ohne Musik" ist. Jemand, der völlig ohne jede Betonung spricht, ist vermutlich völlig resigniert – sein Hara ist von seinem Sonnengeflecht abgeschnitten und sein Drittes Auge von seinem Halschakra. Das führt dazu, daß der Betreffende seine Gefühle und seine Motivation (inneres Chakren-Paar) nicht mehr in seinen Bezug zur Welt (mittleres Chakren-Paar) fließen lassen kann.

Ein Mensch, der mit großem Nachdruck sich durchzusetzen versucht, wird hingegen mit lauter Stimme, mit starker Betonung, mit Pausen und vielen anderen rhetorischen Mitteln seiner Sprache eine Melodie geben.

Die einfachste Form des Gesangs ist das Singen aller Worte in derselben Tonhöhe und Tonlänge wie sich dies z.B. in den tibetischen Tempelgesängen findet, in denen lediglich der letzte Ton eines Textes etwas tiefer gesungen wird.

Recht ähnlich ist der gregorianische Gesang, der ebenfalls noch recht schlicht ist, aber in der Tonhöhe und seltener auch in den Tonlängen variiert. Auch bei ihm sinkt die Tonhöhe am Ende meistens etwas ab.

Ebenso geschieht das „Intonieren" von Gottesnamen und das Singen von Runen meistens ohne Takt und Rhythmus auf einer von Anfang bis Ende gleichbleibenden Tonhöhe.

Schließlich gibt es dann im Lied eine richtige Melodie.

I 2. c)   Der Takt

Der Takt ist kein notwendiges Element des Gesangs – so kommt z.B. die Gregorianik ohne Takt aus und in vielen indianischen und altindischen Liedern wechselt der Takt sehr häufig. In der heutigen Musik findet sich taktlose Musik nur sehr selten – ein Beispiel ist z.B. das erste Stück „Cluster one" auf der CD „The Division Bell" von Pink Floyd.

Der Takt ist die Einteilung der Notenlänge in einer Weise, durch die die Notengruppen Einheiten bilden, die immer gleich lang sind – so beginnt in einem 4/4-Takt nach vier Viertel-Noten der neue Takt stets mit einer neuen Note. Das führt dazu, daß man mit dem Takt mitklatschen kann.

Der Takt hat den Effekt, daß sich ein Melodie-Element wiederholt, was wiederum die Wirkung hat, daß die Melodie ein vorhersehbares Element enthält, die ihr Kraft und Beständigkeit gibt. Der Takt bewirkt ein Schwingen des Gesangs und unterstützt dadurch das Schwingen, das durch das Singen entsteht. Der Takt baut sozusagen eine „Kraft-Lawine" auf, die durch jeden einzelnen Takt bestätigt und dadurch größer wird.

Ein Zaubergesang mit Takt wird also in aller Regel mehr Kraft haben als ein Zaubergesang ohne Takt.

Die verschiedenen Takte haben einen unterschiedlichen Charakter. Der einfachste und am weitesten verbreitete Takt ist der 4/4-Takt. Er ist auch der Takt, der dem Gesang die meiste Kraft gibt.

Der 3/4-Takt hat etwa Schwingendes und vermittelt eher Leichtigkeit als Kraft, weshalb er häufig im Paartanz zu finden ist (z.B. Walzer).

Der 5/4-Takt ist schwierig als Rhythmus zu fassen, da er normalerweise ein Wechsel zwischen einem 3/4-Takt und einem 2/4-Takt ist – also kein gleichmäßig fortlaufender Takt. Der 5/4-Takt erfordert daher eine große Wachheit.

In der orientalischen Musik gibt es häufig noch viel komplexere Takte wie z.B. die Folge „3/4 – 3/4 – 3/4 – 4/4". Diese komplexen Takte, die auch im Tanz verwendet werden, erfordern eine hohe Konzentration der Musiker, Sänger und Tänzer und fördern daher die Präsenz der Sänger in diesem Gesang.

Diese komplexen Takte eignen sich eher für das Fördern des „Sei jetzt hier" als für das Rufen von Kraft und das Hervorrufen eines Traumreisen-ähnlichen Zustandes.

Fast alle Zauberlieder haben einen 4/4-Takt.

I 2. d) Der Rhythmus

Der Rhythmus ist eine Betonung innerhalb eines Taktes. Dies kann zum einen durch das lautere Spielen z.B. der ersten Note jedes Taktes oder durch einen Trommelschlag auf dieser Note geschehen, und zum anderen durch eine bestimmte Anordnung von Noten in jedem Takt wie z.B. einer Achtelnote an jedem Taktanfang.

Während der Takt dem Gesang Kraft gibt, gibt der Rhythmus dem Gesang eine Farbe. Der Rhythmus kann verhalten sein, treibend, schwebend und noch vieles andere. Man kann einen Musikstil oft schon an dem Rhythmus erkennen – so wird in einem Reggae stets die 2. und 4. Viertelnote in dem 4/4-Takt betont.

Der Rhythmus sollte zu dem Inhalt des Zauberliedes passen und in der Regel eher schlicht sein – also z.B. eine Betonung der jeweils ersten Note in einem Takt haben.

I 2. e) Die Tonleiter

Es gibt Gesang, der ohne Tonleiter auskommt – man singt einfach, wie's grad kommt. Diese Art zu singen hört man manchmal bei kleinen Kindern, die ungefähr 2-4 Jahre alt sind, wenn sie sich gerade singend selber etwas erzählen.

In der Regel gibt es jedoch eine Tonleiter, also festgelegte Tonhöhen, die in einem Lied vorkommen dürfen.

Die einfachste Tonleiter besteht aus den Tönen, die leicht als harmonisch zu einem Grundton wahrgenommen werden können. So hat z.B. die Oktave eine doppelt so hohe Frequenz wie der Grundton – er ist doppelt so „hell/hoch" wie der Grundton. Die Quinte hat eine 3/2-mal so hohe Frequenz wie der Grundton; die Quarte hat eine 4/3-mal so hohe Frequenz wie der Grundton usw.

Aus den fünf einfachsten dieser Tonhöhen-Verhältnisse, die daher auch am einfachsten gehört und gesungen werden können, ergibt sich die Pentatonik („Fünf-Ton"). Sie ist recht sicher die älteste Form der Tonleiter, die sich auch im spontanen Gesang von Kindern wiederfinden läßt.

Durch die Ergänzung von zwei weiteren Tönen gelangt man zu der u.a. in der westlichen Kultur üblichen Tonleiter, die aus sieben Tönen besteht.

Durch weitere fünf Töne („Halbtöne") ergibt sich die Tonleiter aus zwölf Tönen mit gleichen Tonhöhen-Abständen, die sich z.B. auf dem Klavier als die weißen Tasten (Tonleiter aus sieben Tönen) und die schwarzen Tasten (die fünf ergänzten Töne) findet. Diese zusätzlichen Töne bringen mehr „Farbe" in den Klang, weshalb diese Tonleiter auch „chromatisch" („bunt") genannt wird.

Noch komplexer sind die orientalischen Tonleitern, die noch einmal sechs weitere Töne hinzufügen, die sich jeweils in der Mitte zwischen zwei aufeinander folgenden Tönen der chromatischen Tonleiter liegen. Während der Tonhöhen-Abstand in der chromatischen Tonleiter überall gleich ist, sind die Abstände bei den orientalischen „Zwischentönen" nur noch halb so groß – sie lassen also viel feinere Nuancierungen zu.

Schließlich gibt es z.B. bei den indischen Ragas noch die Besonderheit, daß man dann, wenn man von einem hohen Ton zu einem tiefen Ton wechselt (auf dem Klavier von rechts nach links) eine andere Tonleiter benutzt als wenn man von einem tiefen Ton zu einem hohen Ton wechselt (auf dem Klavier von links nach rechts).

Diese komplexen Tonleitern haben wie die komplexen Takte die Wirkung, daß sie den Sänger wach, konzentriert und präsent machen, aber verhindern, daß er in einen Traumreisen-ähnlichen Zustand gerät. Daher sind die meisten Zauberlieder pentatonisch, d.h. sie benutzen die einfachste aller Tonleitern.

I 2. f) Die Worte

Zunächst einmal sollten die Worte des Liedes möglichst treffend die beabsichtigte Wirkung des Zauberliedes darstellen.

Es gibt jedoch auch in Bezug auf die Worte eine große Vielfalt bei den Zauberliedern.

Es gibt eine Form des Zauberliedes, das ganz ohne Worte auskommt und das seit einiger Zeit vor allem in spirituell-therapeutischen Zusammenhängen recht beliebt geworden ist. Dabei singen alle gemeinsam einfach ein „a" oder einen anderen Vokal auf einer beliebigen Tonhöhe und in einer beliebigen Tonlänge, die beide ständig von allen Teilnehmern variiert werden können.

Durch diese Technik entsteht ein gemeinsamer Raum, in dem jeder, so wie er ist, anwesend ist und Teil des Ganzen ist. Daher ist diese improvisierte Gesangstechnik für die Herstellung einer Verbundenheit der Teilnehmer und für das Erhöhen des Energiepotentials in der Gemeinschaft gut geeignet.

Man kann diesen wortlosen Gesang aber auch alleine benutzen – z.B. in einem

Tempel, einer Kirche, vor einer Götterstatue, mit dem Blick auf den Vollmond usw., um einen Kontakt zu der Gottheit, zu dem Mond usw. aufzubauen.

Dabei fließt dann der innere Wunsch, das Sehnen, die Absicht gleich in den Gesang ohne durch die Worte eine bestimmte Form anzunehmen. Das kann sehr wohltuend sein – und es gewährt dem Verstand eine Entspannungspause ...

Eine Variante dieses wortlosen Gesangs ist der improvisierte Gesang. So kann man sich z.B. hinsetzen und zu dem improvisierten Spiel auf der Gitarre einen Wunsch singen – mit den Worten und der Melodie, die sich gerade aus dem Augenblick heraus ergibt. Dabei kommt es überhaupt nicht auf künstlerische Hochwertigkeit und Perfektion an, sondern lediglich darauf, daß man das, was man gerade will, singt.

Diese Methode ist, wenn man sie von Herzen her, also ohne innere Widersprüche anwendet, aus magischer Sicht gesehen ausgesprochen effektiv.

Die einfachsten, feststehenden Liedtexte bestehen nur aus einem einzigen Wort – sie sind gesungene Mantren. Diese Form ist jedoch sehr selten.

Die nächste Stufe sind die gesungenen Mantren, die aus einem kurzen Satz bestehen. Sie sind recht häufig und beliebt.

Die nächste Steigerung sind die kurzen Lieder („Chants"), die aus einer kurzen Strophe bestehen, die über längere Zeit hin wiederholt wird. Auch diese Form ist sehr weit verbreitet.

Eine Variante dieser Art von Zaubergesang ist das mehrstrophige Lied, das jedoch schon wieder eine erhöhte Konzentration erfordert und daher für das Erreichen eines Traumreise-ähnlichen Zustandes nicht mehr so gut geeignet ist.

Das gilt insbesondere für die Lieder mit Strophen, die aus zwei abwechselnden Texten bestehen, die sich nur geringfügig unterscheiden, weil man dabei sehr wach bleiben muß, um zu wissen, bei welcher Variante man gerade ist.

Schließlich gibt es noch das Lied mit vielen Strophen, das man man entweder nur einmal singt oder nur wenige Male wiederholt. Diese Lieder sind zum Herstellen eines Trance-Zustandes nicht besonders gut geeignet. Sie haben wahrscheinlich nur dann eine solche Wirkung, wenn sie z.B. täglich gesungen werden.

Das Lied sollte aus einer passenden Tradition stammen, wenn man es in einem bestimmten Zusammenhang singen will, der durch eine bestimmte Tradition geprägt ist. Allerdings gibt es auch viele Zusammenhänge, in denen man Lieder aus verschiedenen Traditionen gemeinsam benutzen kann.

Der Text sollte ein festes Versmaß haben, d.h. einen regelmäßigen Wechsel von betonten und unbetonten Silben – das ist sozusagen der „Sprach-Takt".

Der Text sollte auch Reime enthalten – auch das ist eine Form des „Sprach-Takts". Es gibt viele Formen des Reims: den Endreim, den Stabreim (gleiche Anfangsbuchstaben), den Halbreim (gleicher Vokal plus folgendem Konsonant im Wortinneren), Häufung desselben Vokals in einer Zeile, den inhaltlichen Reim (Wiederholung eines Verses mit gleicher Aussage, gleichem grammatischen Aufbau, aber mit anderen Worten) usw. Bei den Reimen gibt es eine sehr große Vielfalt.

I 2. g) Die Wiederholung

Die Wiederholung ist ein wichtiges Element, um eine Spannung aufzubauen, um Kraft zu rufen und um in einen Traumreise-ähnlichen Zustand („Trance") zu gelangen.
Diese möglichen Wiederholungen sind:

- gleiche Tonhöhen (festgelegte Tonleiter)
- Takt
- Rhythmus
- Wiederholung des gesamten Textes
- Versmaß
- Reime im Text
- Refrain
- Wiederholung der Melodie
- Singen an jedem Tag, an bestimmten Festen o.ä.
- Singen über Generationen hinweg (traditionelle Lieder)

I 2. h) Der Klang

Das wesentliche Element des Gesangs ist das Schwingen. Das einfache Singen wird so gut wie jedem möglich – auch wenn man vielleicht etwas kurzatmig sein sollte oder die Stimme manchmal etwas krächzt.
Man kann jedoch durch Übung und gezielte Ausbildung der eigenen Stimme (die vor allem eine Befreiung der Stimme von Blockaden sein sollte) eine ganze andere Klangfülle erreichen.

Diese größere Klangfülle hat fünf wichtige Aspekte:

1. Die bekannteste Element ist sicherlich die Dauer, in der man einen Ton singen kann. Diese „Stimm-Ausdauer" verbessert sich durch häufiges Singen, durch Sport, durch Atemübungen, aber auch durch Methoden, durch die man den eigenen Atem besser kennenlernt.

2. Das natürliches Vibrato ist ein Schwingen der Stimme mit der Frequenz von ca. 6 Hz. Die ist die Frequenz, mit der auch das Unterbewußtsein schwingt, wie man z.B. durch das Messen der Hirnströme beim Träumen mithilfe eines EEGs feststellen kann. Auch das Lachen, das Weinen, das Zittern, der Orgasmus-Reflex usw. haben diese Frequenz.
 Es ist ein ausgesprochen angenehmes Gefühl, wenn die eigene Stimme beim Singen in dieser Frequenz schwingt!
Man kann dieses Vibrato auch bei vielen Sängern hören, wenn man einmal darauf achtet. Es handelt sich dabei allerdings oft nicht um das natürliche Vibrato der Stimme, das erscheint, wenn man „die eigene Stimme einfach machen läßt", sondern um eine Verzierung des Gesangs, die bewußt eingesetzt wird.

3. Das dritte Element sind die Obertöne der Stimme. Sie entstehen, wenn die Luft nicht nur im Hals, sondern auch in der Lunge, im Rachen, in den Nasennebenhöhlen usw., mitschwingen kann. Dadurch klingt die Stimme voller, „reicher" und „farbiger".

4. Aus diesen drei Elemente ergibt sich fast von selber eine größere Lautstärke der eigenen Stimme, die mühelos ist und auch nicht aufdringlich wirkt. Eine gewollte größere Lautstärke klingt meist angestrengt, leicht gepreßt, heiser usw., also keineswegs angenehm.

5. Das fünfte Element ist das Erzeugen einer stehenden Welle. Das bedeutet zum einen, daß man selber als Ganzes in dem Ton, den man singt, zu schwingen beginnt, und zum anderen, daß man den Raum, in dem man sich befindet, als Klangraum für die eigene Stimme benutzen kann. Wenn man mit der eigenen Stimme eine stehende Welle erzeugen kann, schwingt der gesamte Raum mit, was noch einmal zu einer deutlichen Steigerung der Kraft, der Fülle, des Klanges und auch der Mühelosigkeit des Singens führt.

Vermutlich wird man zum Erlernen der vier letzten dieser fünf Aspekte des Singens eine persönliche Anleitung brauchen. Allerdings kann man seine Stimme auch schon einfach dadurch, daß man oft singt, deutlich weiterentwickeln.

Eine gute Methode, um die eigene Stimme zu entwickeln ist die sogenannte „Lichtenberger Methode". Sie besteht zum einem aus körperlichen Übungen und zum anderen aus Methoden, die die psychischen Blockaden der Stimme auflösen.

Es gibt jedoch auch viele andere Richtungen – so wird z.B. bei manchen Ausbildungen im klassischen Gesang Kundalini-Yoga verwendet. Bei diesem Ansatz wird ganz direkt die Kraft der Kundalini, also die im Körper fließende Lebenskraft mit der Stimme verbunden. Das ist ein sehr direkter Ansatz, um dem Gesang eine magische Wirkung zu geben. Das zentrale Bild dabei ist, daß man in seinem Unterleib einen brennenden Öl-See hat, dessen Feuer beim Singen nach oben und durch den Hals nach außen flammt.

Es gibt auch klassische Methoden der Stimmbildung, die allerdings nicht sonderlich differenziert-einfühlsam sind: So hat z.B. der römische Politiker und Redner Cicero sich an das Meer gestellt und mit einem Kieselstein unter seiner Zunge laut reden geübt, damit er dann unter den wesentliche günstigeren Umständen in der Versammlungshalle und ohne Kieselstein unter seine Zunge eine laute, kräftige (und daher überzeugende) Stimme hatte.

Ein volle, wohlklingende Stimme ist nicht unbedingt notwendig, um erfolgreich Zaubergesänge mit einer großen magischen Wirkung zu singen. Allerdings ist die Heilung und Ausbildung der eigenen Stimme eng mit der Selbstheilung verbunden und schon von daher für eine effektive Magie sehr förderlich – sowohl beim Gesang als auch in der Magie sollte die Identität im Herzchakra möglichst ungestört durch die drei Chakren-Paare nach außen fließen können.

I 2. i) Die Gemeinschaft

Magische Gesänge werden in vielen Fällen von einzelnen Menschen gesungen, aber vor allem in einem traditionellen Rahmen gibt es auch viele Gemeinschaftsgesänge.

Die einfachste mögliche Form ist das gemeinsame Singen eines Mantras, Chants oder Liedes („Chor").

Etwas komplexer wird dieser Gesang, wenn er mehrstimmig ist. Das lenkt den Gesang allerdings in die Richtung der wachen Konzentration und nicht in die Richtung der magischen Trance.

Eine andere Form des Gemeinschafts-Gesanges ist der Vorsänger, der einen oder weniger Verse singt, die dann danach von allen gemeinsam wiederholt werden. Der Nachteil dieser Form ist aus magischer, daß es dabei zu keinem stetigen Fluß des Gesangs kommt.

Ähnlich sieht es mit dem abwechselnden Einzelgesang verschiedener Texte und dem gemeinsamen Singen eines Refrains aus.

Etwas mehr Kraft liegt hingegen in dem Wechselgesang, bei dem Einzelsänger und Chor abwechselnd kurze Verse singen, sie sich aufeinander beziehen und manchmal eine Art Gespräch bilden. Dadurch bilden der Gesang insgesamt eine deutlichere Einheit.

Eine Spezialform des Chorgesangs, wenn man das so bezeichnen will, ist die gemeinsame Rezitation eines gesprochenen Textes.

I 2. j) Zusammenfassung

Der effektivste und daher ideale Zaubergesang würde diesen Betrachtungen zufolge wie folgt aussehen:

- Das Lied hat einen passenden Text.
- Der Text ist kurz: ein Mantra-Vers oder ein Chant (kurze Strophe).
- Der Text hat ein festes Versmaß.
- Der Text hat Reime.
- Das Lied hat einen 4/4-Takt.
- Der Rhythmus des Liedes paßt zu seinem Inhalt und zu seinem Verwendungszweck.
- Die Melodie hat eine pentatonische Tonleiter – evtl. auch eine Siebentonleiter.
- Das Lied wird häufig gesungen: jeden Tag, jedesmal bei einer bestimmten Anlaß (Heilung, Fest o.ä.), über mehrere Generationen hinweg usw.
- Der oder die Sänger haben in ihrer Stimme Ausdauer, das natürliche Vibrato sowie reiche Obertöne, wodurch sie eine mühelose Lautstärke erreichen und an dem Ort, an dem sie sich befinden, eine stehende Welle erzeugen können.
- Das Singen in einer Gemeinschaft gibt dem Gesang mehr Kraft, aber es schränkt den Gesang auch auf die Themen der Gemeinschaft ein.

II   Neuschöpfungen

In vielen Fällen kann man traditionelle Lieder finden, die sich für einen bestimmten Zweck als Zauberlieder eignen.

Die vermutlich größte Sammlung von Liedern aus aller Welt kann man unter http://www.recmusic.org/lieder/ einsehen. Dort sind ca. 50.000 Lieder verzeichnet. Es ist allerdings recht schwierig, dort etwas zu finden – man braucht eine sehr klare Vorstellung von dem, was man sucht, und dazu noch viel Geduld.

Manchmal hat man mit der Suche nach einem passenden Lied allerdings auch keinen Erfolg. Dann gibt es wieder verschiedene Möglichkeiten.

II 1.   Bereits vorhandene Texte

Manchmal findet man ein Lied, dessen Text das ausdrückt, was man anstrebt.

Wenn man z.B. wieder mehr Romantik und Natur in seinem Leben haben will und einem das Wander-Lied der Hobbits aus Tolkiens „Herr der Ringe" gut gefällt, kann man dieses Lied auch als Zauberlied benutzen – auch wenn es eigentlich nicht als Zauberlied verfaßt worden ist.

II 2.   Lieder ohne bestimmte Tradition

In einigen Fällen gibt es auch ein magisch-spirituelles Lied eines Komponisten, das sich gut für die eigene Zwecke eignet. So kann man z.B. das Lied „Fireprayer" von Denean als Feuer-Anrufung benutzen.

Bei der Suche nach solchen Liedern wird man schnell feststellen, daß es zu manchen Themen recht viele Lieder gibt, zu anderen hingegen fast gar keine.

II 3.   Verwendung eines nicht-spirituellen Liedes

Es kommt auch vor, daß man ein Lied oder einen Liedtext entdeckt, der eigentlich aus keinem spirituellen Zusammenhang stammt, sich aber trotzdem ausgesprochen gut als Anrufung eignet wie z.B. das Lied „A Elbereth Gilthoniel" aus Tolkiens „Herr der Ringe".

II 4.   Die „Geistersprache"

Eine spezielle Form des Liedtextes ist die „Geistersprache". Dieser Begriff wird von den nordamerikanischen Indianern verwendet, um Texte zu bezeichnen, die nur aus wenigen bekannten Worten bestehen und aus vielen „Hey", „Ho" u.ä. Silben. diese Lieder werden in der Regel auf Traumreisen, Visionssuchen u.ä. gefunden.

Manchmal tauchen solche Lieder auch spontan auf. So bin ich z.B. einmal auf einen Rainbow-Camp gewesen, auf dem wir Abends rings um ein Feuer getrommelt und getanzt haben. Da fing in mir meine Wölfin (mein Krafttier) in der „Geistersprache" zu singen an. Erst habe ich das nur innerlich gesungen, dann auch leise vor mich, aber schließlich habe ich es mit aller Kraft laut gesungen. Zu meiner großen Verwunderung haben es schließlich alle mitgesungen. Ich habe die Kraft meiner Wölfin nur selten so deutlich in mir und vor allem auch um mich her gespürt.

Häufiger als das „spontane Singen in der Geistersprache" ist das „Reden in Zungen", also das Sprechen von Sprachen, die man nie gelernt hat („Glossolalie"). Dabei kommt allerdings das Sprechen deutlich häufiger vor als das Singen.

Innerhalb einer festen Tradition werden aus den Liedern, die jemand auf einer Visionssuche gefunden hat, dann manchmal auch traditionelle Lieder, die mehrere Generationen lang benutzt werden.

II 5.   Die Suche nach einem neuen Lied

Wenn man ein Lied zu einem bestimmten Thema braucht, aber nirgendwo eins finden kann, muß man es selber verfassen. Das kann unter Umständen eine Weile dauern. Man braucht einen passenden Text und eine passende Melodie dazu – und beides ist nicht unbedingt sofort greifbar.

Als ich begonnen habe, Schwitzhütten zu leiten, fehlte mit ein Lied für den Großen Geist (Manitou, Wakan Tanka), der auch „Großes Geheimnis" genannt wird, also für die Quelle des Lebens in allen Dingen (Chinesen: Tao).

Erst habe ich es mit deutschen Sätzen versucht, dann mit englischen Versen, aber nichts davon hat mich überzeugt. Daraufhin habe ich ein paar Tage lang einfach vor mich hin gesungen – meistens kam der Dakota-Name des „Großen Geheimnisses", also „Wakan tanka" in diesem Lied vor. Auch meine Versuche, einen Vers aus „Wakan tanka" und einigen Geistersprachen-Silben zu verfassen fühlte sich falsch an.

Doch schließlich tauchte auf einmal ein Vers mit Melodie in mir auf, der mich überzeugt hat – er fühlte sich richtig und kraftvoll an. Ich habe ihn mir aufgeschrieben und die nächsten Tage vor mich hingesungen: „Wakan tanka hey-o-ah".

Ich fand jedoch, daß er eigentlich viel zu kurz sei und habe deshalb nach weiteren Versen gesucht. Doch schließlich habe ich eingesehen, daß jede Art von Erweiterung sich falsch angefühlt hat und eine Schwächung gewesen ist, weshalb ich dann bei diesem einen kurzen Vers geblieben bin.

Ich habe dieses Geistersprachen-Lied dann in der Schwitzhütte zum Rufen von Wakan tanka benutzt und festgestellt, daß es sich dafür gut eignet und die Wirkung hat, die ich mir gewünscht habe.

Es hat sich im Laufe der Zeit herausgestellt, daß es am einfachsten ist, ein Lied zu finden, wenn man vier Schritte benutzt:

1. sich in das Thema des Liedes versenken, bis man seine Qualität in sich spüren kann

2. nach einer Melodie suchen, die einen zu dem Thema passenden Klang hat

3. die wesentlichen Aussagen zu diesem Thema in diese Melodie einfügen

4. das Lied singen und schauen, ob es frei fließt und sich wie gewünscht anfühlt

III   Das eigene Lied

Es gibt eine besondere Gruppe von Liedern – die Lieder, die sich auf einen selber beziehen: auf die eigene Seele, auf das eigene Krafttier, die eigene Kraftpflanze, den eigenen Kraftstein, die eigene Schutzgottheit usw.

Zu diesen Wesen kann man manchmal bereits existierende passende Lieder finden – am leichtesten in der Regel für das eigene Krafttier und die eigene Schutzgottheit. In vielen Fällen muß man jedoch selber kreativ werden, wenn man gerne ein passendes Lied z.B. für den eigenen Kraftstein hätte – für die es so gut wie gar keine Lieder gibt.

III 1.   Die Stille

Auf der Ebene des Herzchakras (Tiefschlaf-Bewußtsein) ist es sehr einfach, das passende Lied zu finden: Es ist ganz einfach die Stille, also die Meditation, in der man alle Gedanken, Gefühle und Bilder losläßt und nur noch Bewußtsein ist, das sich seiner selber bewußt ist, aber nichts enthält. Das ist, auch wenn es ein wenig absurd klingen mag, ein sehr erfüllender Zustand.

III 2.   Das eigene Lied

Die eigene Seele und ihre Verbündeten (Krafttier, Kraftpflanze, Kraftstein) sowie ihren Ursprung (Schutzgottheit) kann man auf der Ebene des Sonnengeflechts und des Halschakras (Unterbewußtsein) durch eine Traumreise zur eigenen Mitte erleben. Dies kann dann die Grundlage dafür werden, Lieder an diese Wesen, diese Aspekte von sich selber, zu verfassen.

III 3.   Die Hymne an sich selber

Auf der Ebene des Haras und des Dritten Auges (Wachbewußtsein) kann man eine „Hymne an sich selber" schreiben, in der man alles ausdrückt, ordnet, zusammenfaßt und in eine möglichst passende Form bringt, was man über such selber weiß.

Dazu sind die Traumreisen zur eigenen Mitte, die eigene Biographie, das eigene Horoskop usw. wichtige Hilfsmittel.

Man kann einfach einmal damit anfangen, schlichte „Ich bin ...“-Sätze über sich selber zu sammeln. Man kann es auch mit „Ich tue ...“-Sätzen versuchen. Das einzige Kriterium für diese Sätze ist, daß man sagen kann, daß sie wirklich wahr sind.

Wenn einem zunächst nichts rechtes einfällt, kann man es mit den ganz einfachen Dingen versuchen wie

> Ich bin eine Frau.
> Ich bin ein Wassermann.
> Ich bin eine Mutter.

Wahrscheinlich wird man dann bald kreativer werden und auf „farbigere“ Sätze kommen wie z.B.:

> Ich bin eine Tänzerin.
> Ich liebe den Sonnenaufgang.
> Ich bin eine leidenschaftliche Liebhaberin.

Wenn man nun auch noch spirituelle Erfahrungen und Erlebnisse hinzunimmt, gewinnt das Ganze immer mehr an Kontur:

> Ich sitze wie Buddha in Stille da.
> Mein Krafttier ist ein Panther.
> Meine Kraftpflanze ist die Dattelpalme.
> Mein Kraftstein ist der Rauchobsidian.
> Ich kenne die Astralreise.

Wenn man das erste Dutzend an Sätzen zusammenbekommen hat, wird man wahrscheinlich Gefallen daran finden und die nächsten Sätze werden deutlich leichter aus der Feder fließen.

Wenn man dann zwei, drei Dutzend solcher Sätze gefunden hat, kann man damit beginnen, sie so zu ordnen, daß sie eine angenehm zu lesende Reihenfolge haben und das Ganze allmählich den Charakter einer Hymne an sich selber bekommt.

Man kann diese Hymne jedesmal, wenn man einen neuen „wahren Satz“ über sich selber findet, ergänzen und evtl. umstrukturieren.

Es lohnt sich, diese Hymne einmal laut vorzulesen. Noch wirkungsvoller ist sie, wenn dabei ein guter Freund zuhört.

Diese Hymne kann dann auch eine Grundlage für den Text für ein Lied z.B. an die eigene Seele sein. Dafür müssen die passenden Verse aus dieser Hymne ausgewählt und evtl. neu zusammengestellt, umgeformt, in ein Versmaß gebracht, mit einem Reim versehen werden usw. Wenn der Text dann fertig ist, kann man nach einer Melodie für ihn suchen.

III 4.   Die Präsenz

Auf der Ebene des Wurzelchakras und des Scheitelchakras (Ekstase-Zustand) geht es um die Einsgerichtet auf das, was man ist, bzw. auf das, was man gerade will. Dabei reduzieren sich die Worte in der Regel auf ein einziges Wort oder einen einzigen Ausruf wie z.B. „Ja!" Dieses „Ja!" kann sich z.B. auf die Hymne an sich selber oder auf das eigene Lied beziehen.

III 5.   Die vier Wege

Die Quelle ist das Erleben der eigenen Seele in der Stille. Möglicherweise unternimmt man dann Traumreisen und lernt die Vielfalt dessen kennen, als das sich die eigene Seele ausdrücken will. Das läßt sich dann durch eine „Hymne an sich selber" zusammenfassen. Durch eine weitere Zusammenfassung und eine Vertonung wird daraus dann ein Lied an die eigene Seele oder mehrere Liedes an die Seele, an das Krafttier, an die Schutzgottheit usw.

Diese Hymne und diese Lieder können eine Hilfe sein, sich immer wieder an das zu erinnern, was man eigentlich wirklich ist und sich wieder darauf auszurichten, sodaß man dann voller Überzeugung „ja!" ausrufen kann und genau das tut, was man gerade tun will.

Diese vier Wege sind: die Stille, das eigene Lied, die Hymne an sich selber und der Ausruf in der Präsenz im Augenblick.

IV Die Verwendung von Zauberliedern

Für die Zauberlieder gibt es vielfältige Anwendungsmöglichkeiten in der Magie, im Kult und in der Religion.

IV 1. Die Anwendung

In der westlichen Magie beschränkt sich der heutige Zaubergesang weitgehend auf das Intonieren von Gottesnamen u.ä. in Ritualen.

Der freie, wortlose Gesang kommt vor allem in der Gruppentherapie, bei Feuerläufen, im Wicca (Hexenkult) u.ä. vor.

Gemeinschaftlich gesungene Lieder finden sich hauptsächlich in den großen Religionen wie z.B. dem Christentum. Dazu zählen auch Wechselgesänge, Refraingesänge u.ä.

Die Mantren und die Chants sind in erster Linie aus Indien übernommen worden, aber zu einem Teil auch von den nordamerikanischen Indianern. Sie werden allerdings vorwiegend im indisch orientierten Kult und in Schwitzhütten-Zeremonien verwendet.

Dies ist allerdings nicht immer so gewesen. Wie die Reste an spirituellen Liedern in der schriftlichen Überlieferung zeigen, muß die indogermanische Kultur einst ein reiches spirituelles Liedgut besessen haben. Manchmal gibt es Hinweise von Missionaren auf „schändliche" Lieder im Kult der Heiden und in einigen Fällen sind immerhin die Texte einiger Lieder erhalten geblieben.

Die Bewahrer der Tradition werden durchweg „Sänger" und nicht „Redner" genannt (Griechen: Rapsoden; Germanen: Skalden; Kelten: Barden usw.). Daraus ergibt sich, daß die von ihnen bewahrte Tradition vor allem aus Liedern bestanden hat.

Überlieferte Melodien gibt es so gut wie gar nicht. Zunächst wurden die „heidnischen Lieder" (wenn überhaupt), nur am Rande und mißbilligend erwähnt; dann wurden vereinzelt auch ihre Texte aufgezeichnet; aber bis zu der Zeit, in der die Notenschrift ausreichend entwickelt und bekannt war, sind die meisten Melodien bereits in Vergessenheit geraten.

Lediglich in den Traditionen, die bis in die Neuzeit hinein lebendig geblieben sind, sind auch Melodien von Zauberliedern bekannt.

IV 2.   Die persönlichen Vorlieben

Wie bei allen Dingen muß jeder auch bei den Zaubergesängen schauen, was ihm entspricht und was für ihn effektiv ist. Vielleicht findet man nur das Intonieren von Gottesnamen u.ä. akzeptabel, vielleicht würde man auch am liebsten nur durch Gesang zaubern ...

Gemeinschaftlich gesungene Lieder setzen in der Regel ein Mindestmaß an Übereinstimmung bezüglich eines bestimmtes Kultes voraus – wie z.B. die Teilnahme an einer Schwitzhütten-Zeremonie.

IV 3.   Die Effektivität

Eine Methode, die einem unangenehm ist, wird normalerweise auch nicht besonders gut funktionieren. Dasselbe gilt für eine Tradition, die einem widerstrebt.

Das Wesentliche ist stets die klare, widerspruchsfreie Motivation. Der Gesang hilft, diese Motivation zum Strahlen zu bringen, den Zustand der Verbundenheit mit dem individuellen und dem kollektiven Unterbewußtsein zu erreichen („Trance") und dadurch dem Ritual Kraft zu geben. Dafür ist der Gesang nicht unbedingt notwendig, aber er ist ein gutes Hilfsmittel.

V Zauberlieder

Die folgenden Lieder sind nur eine kleine Auswahl. Insbesondere die indische, die afrikanische und die indianische Tradition sind sehr reich an Zauberliedern.

Ein Teil dieser Lieder läßt sich unter dem Lied-Titel z.B. auch bei youtube finden, sodaß man sich die Melodie anhören kann und sie nicht von den Noten ablesen muß.

Die hier angeführten Lieder haben einen eher allgemeinen Charakter, um für möglichst viele Menschen verwendbar zu sein, aber man kann natürlich auch Lieder für das Bestehen einer Prüfung, für die Heilung von einer bestimmten Krankheit, für das Erlangen eines Baugrundstücks usw. verfassen und benutzen.

V 1.   Das Große Geheimnis

V 1. a)   Wakan tanka

Text und Melodie: Harry Eilenstein

Der Begriff „Wakan tanka" der Dakota-Indianer bedeutet „Großes Geheimnis". Damit ist das Leben, die Götter, die Welt und die Tatsache, daß überhaupt etwas existiert, gemeint.

Hey Wakan tanka, hey-o-ah!

V 1. b)   Ho'zhong-Lied

Text und Melodie: traditionell, Navaho (Arizona)

„Ho'zhong" stammt aus der Navaho-Sprache und bedeutet „Richtigkeit".

Die Richtigkeit ist das zentrale Konzept in allen mythologischen Weltanschauungen. Es umfaßt die Bedeutungen „Richtigkeit", „Rhythmus", „Schönheit", „Wirksamkeit" und in späterer Zeit auch „Gerechtigkeit".

Diese Richtigkeit ist die Haupteigenschaft des „Großen Geheimnisses".

Der individuelle Anteil eines Menschen an dieser Richtigkeit ist seine Seele.

My ac - tions will all be beau - ty - ful, Ho!

As I walk my life the beau - ty way.

Die „x"-Noten am Ende der Zeilen 7, 8, und 9 („Ho!") werden nicht gesungen, sondern gesprochen bzw. gerufen.

Die Qualität der Schönheit, Richtigkeit und Wahrheit wird von den Navahos Ho'zhong, Hozhoni oder Hozhonji genannt.

Es ist hilfreich, sich beim Singen dieses Liedes vorzustellen, wie man sich zunächst in die Schönheit einhüllt (Zeile 1-5) und sie dann auch von innen nach außen strahlen läßt (Zeile 7-9), denn letztlich sind diese Lieder vor allem als Hilfen für die inneren Vorstellungen gedacht, die das sind, was letztlich innere und somit auch äußere Veränderungen bewirkt.

In Tibet sagt man, daß die Lebenskraft der Vorstellung folgt – weshalb auch das positive Denken sinnvoll ist und weshalb auch z.B. ein Jagdzauber funktioniert, bei dem man eine erfolgreiche Jagd darstellt.

In China wird dieser Zusammenhang sehr anschaulich durch den Drachen (Lebenskraft) dargestellt, der der Wunschkugel (Vorstellung) nachjagt.

V 2. Die Göttin

V 2. a) Göttinnen

Text und Melodie: anonym, aus dem Feministen-Wicca

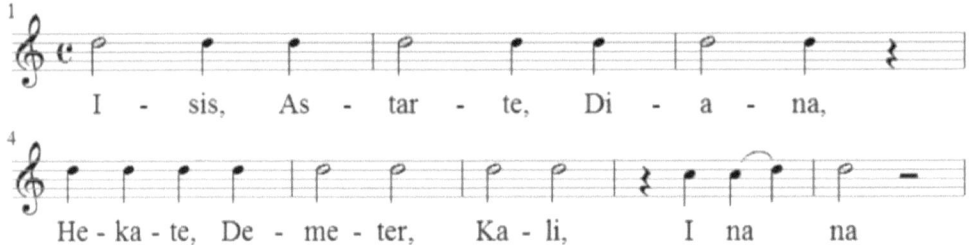

I - sis, As - tar - te, Di - a - na, He - ka - te, De - me - ter, Ka - li, I na na

Diese sieben Göttinnen sind verschiedene Gestalten der Muttergöttin aus Ägypten, Mesopotamien und von den Indogermanen.

Die Namen Isis und Astarte gehen auf die jungsteinzeitliche Muttergöttin auf ihrem Thron zurück, neben dem links und rechts je ein Panther saß. Der Name geht auf Aset, zurück, was „Sitz, Thron" bedeutet.

Diana ist eine weibliche Form des indogermanischen Namens „Dhyaus", der „Sonne" bedeutet. Er ist ein Beiname der Himmelsgöttin, die des Morgens die Sonne gebiert.

Die Bedeutung des Namens der griechischen Göttin Hekate ist unklar. Sie ist ursprünglich die Mutter der Wiedergeburt im Jenseits gewesen. Später engte sich ihre Bedeutung zunächst auf den Weg in das Jenseits und schließlich auf das Tor zum Jenseits ein.

Demeter bedeutet „Gersten-Mutter". Durch das Gleichnis zwischen dem Schicksal der Menschen und dem des Getreides wurde die Göttin der Wiedergeburt auch zu der Mutter des Getreides.

Inanna ist eine in Mesopotamien häufige Weiterentwicklung des Wortes Mama für Mutter.

V 2. b)   Göttinnen

Text und Melodie: anonym, aus der Wicca-Tradition

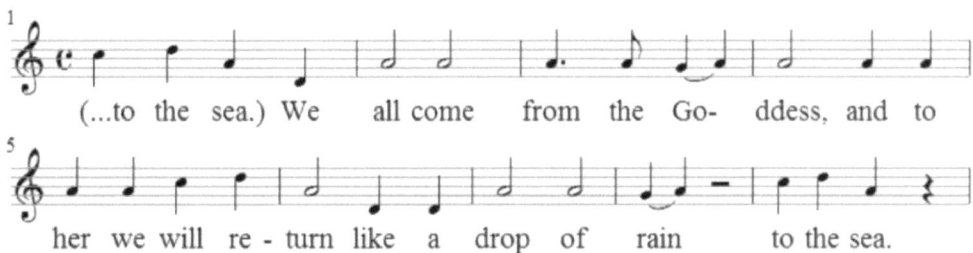

Das Lied „We all come from the Goddess" hat eine spezielle Dynamik, da es zwischen dem Ende einer Wiederholung dieses Chants („ … to the sea.") und dem Anfang der nächsten Wiederholung („We …") keine Pause hat. Dadurch ist man geneigt, das Lied immer weiter zu singen.

V 2. c)   Göttinnen

Text und Melodie: Harry Eilenstein

We call to Freya, we call to Frigg,
We call to Nanna, we call to Jörd,
We dance for Sigyn, we pray to Sif,
We sing for Idun all Day.

Freya: nordgermanische Muttergöttin, Liebesgöttin und Wiedergeburtsgöttin

Frigg: südgermanische Muttergöttin, Liebesgöttin und Wiedergeburtsgöttin
Nanna: Muttergöttin und Wiedergeburtsgöttin
Jörd: Erdgöttin
Sigyn: Jenseitsgöttin
Sif: Erdgöttin und Korngöttin
Idun: Göttin der Äpfel der ewigen Jugend

V 2. d)   Erdgöttin

Text und Melodie: anonym, aus der Rainbow-Tradition (möglicherweise indianisch)

Dies ist vermutlich neben dem Sonnentanzlied „Kuaté" das bekannteste der Lieder, die in Deutschland in den Schwitzhütten gesungen werden. Daß es einen indianischen Ursprung hat, wie hin und wieder angegeben wird, ist zumindest recht unsicher – bekannt geworden ist es jedenfalls durch die Rainbow-Mittsommerfeste.

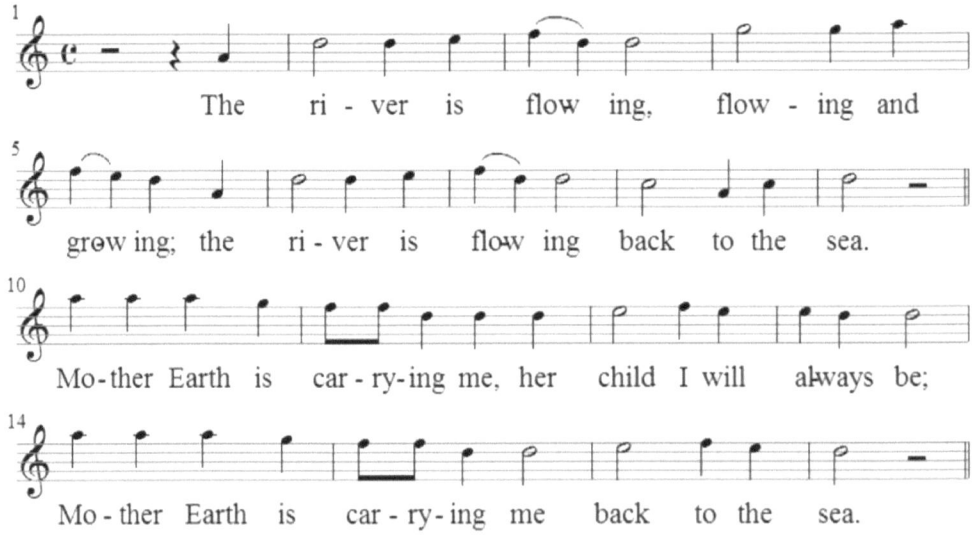

V 2. e) Erdgöttin

Text und Melodie: anonym (möglicherweise indianisch)

Mo - ther, I feel you un - der my feet;
Mo - ther, I feel your heart - beat.

Dies ist eines der Lieder, die in europäischen Schwitzhütten und auch in anderen Zeremonien häufig gesungen werden. Sein Ursprung ist möglicherweise indianisch, aber über seine Wurzeln läßt sich nichts Sicheres mehr herauszufinden.

V 2. f) Erdgöttin

Text und Melodie: anonym (vermutlich indianisch)

The Earth is o - ur Mo - ther, we must take
care of her, the Earth is o - ur Mo - ther,
we must take care of her.

Auf dieselbe Melodie können auch die folgenden drei Strophen gesungen:

(Strophe 2) *Its sacred Ground we walk upon with every step we take Its sacred Ground we walk upon with every step we take*

(Strophe 3) *The Earth is my mother I must take care of her The Earth is my mother I must take care of her*

(Strophe 4) *Its sacred Ground I walk upon with every step I take Its sacred Ground I walk upon with every step I take*

Der Unterschied zwischen den Strophen 1/2 und 3/4 besteht nur darin, daß bei 1/2 die Gemeinschaft „wir" singt, und daß bei 3/4 jeder Einzelne „ich" singt und dadurch deutlicher wird, daß wirklich jeder Einzelne gemeint ist.

Jedesmal, wenn eine dieser Strophen mehrmals wiederholt worden ist und man zu der folgenden Strophe wechselt, werden die folgenden Verse gesungen:

(Zwischenstrophe) *Unite, my people, be as one! Unite, my people, be as one!*

Das Ganze ist ein Wechselgesang: Strophe 1-4 werden von den Indianern bzw. den Menschen in der Schwitzhütte gesungen, während die Zwischenstrophe von Mutter Erde gesungen wird und sich an die Menschen richtet. Diese Stimme wird eigentlich von einem Vorsänger bzw. dem Schwitzhüttenleiter (oder jemand anderem) alleine gesungen. Wenn eine Gemeinschaft in der Schwitzhütte geübt ist und komplexere Formen als „alle singen alles" versuchen möchte, dann kann sie dies auch im Ritual als Wechselgesang singen.

Das Lied ist ein Gespräch zwischen den Menschen und Mutter Erde, das wie folgt aufgebaut ist:

Menschen (wir): Strophe 1 (mehrfach wiederholen)
   Mutter Erde: Zwischenstrophe
Menschen (wir): Strophe 2 (mehrfach wiederholen)
   Mutter Erde: Zwischenstrophe
Menschen (ich): Strophe 3 (mehrfach wiederholen)
   Mutter Erde: Zwischenstrophe
Menschen (ich): Strophe 4 (mehrfach wiederholen)
   Mutter Erde: Zwischenstrophe
Menschen (wir): Strophe 1 (mehrfach wiederholen)
   Mutter Erde: Zwischenstrophe
Menschen (wir): Strophe 2 (mehrfach wiederholen)

V 2. g)   Mondgöttin

Text und Melodie: anonym (indianisch inspiriert)

Die Melodie dieses Liedes entspricht der des Liedes „The river is flowing".

V 2. h)   Mondgöttin

Text und Melodie: traditionell, Seneca (New York, Oklahoma, Süd-Kanada)

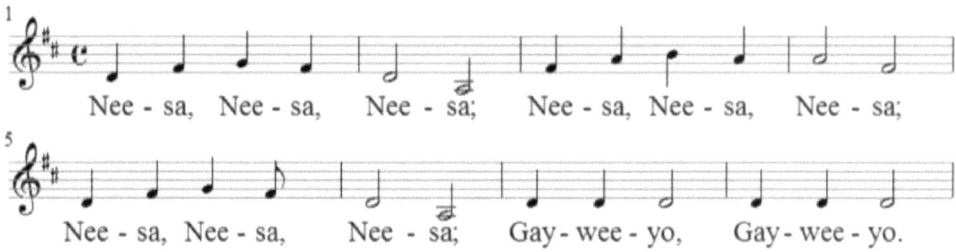

„Neesa" bedeutet „Großmutter Mond" und „Gayweeyo" bedeutet „Schöpfer/

Schöpferin/Schöpfung".

Die Seneca sind die westlichsten der fünf Irokesen-Völker, die eine große Gemeinschaft bildeten. Sie lebten im Südwesten des Ontario-Sees und besiedelten u.a. den Staat New York, Oklahoma und den mittleren Süden Kanadas. Die Seneca nannten sich selber Onodowohgah, was „die Leute vom Hügelkamm" bedeutet. Sie lebten von Ackerbau und Fischfang.

V 2. i)   Maisgöttin

Text und Melodie: traditionell, Pawnee (Nebraska, Kansas, Süd-Dakota)

„Atira" ist der Name der Pawnees für die Maismutter. Diese Göttin wurde bei allen maisanbauenden Indianern in Amerika verehrt – bei den Inkas hieß sie z.B. „Sara-Mama". Ihre griechische Entsprechung wären Demeter oder deren Tochter Kore/Persephone.

„Nawa" bedeutet in der Pawnee-Sprache, daß man etwas herbeiruft („hither"), daß man etwas begrüßt („greet we") und daß man für das Kommen dankbar ist („thanks") – „Nawa" ist sozusagen eine von Dank erfüllte Einladung, also der von Vertrauen und Dank erfüllte Wunsch an die Göttin, zu den Menschen zu kommen.

Diese Haltung findet sich z.B. auch bei Christus, der sich vor seinen Wundertaten (und nicht erst danach) bei Gott dafür bedankt, daß er gleich auf Christi Bitte hin das Wunder vollbringen wird. Sehr deutlich wird dies z.B. bei der Auferweckung des Lazarus vom Tod beschrieben.

Heute würde man diese Haltung vermutlich als eine extreme Form von „positivem Denken" bezeichnen – das laut Christus ja Berge versetzen kann ...

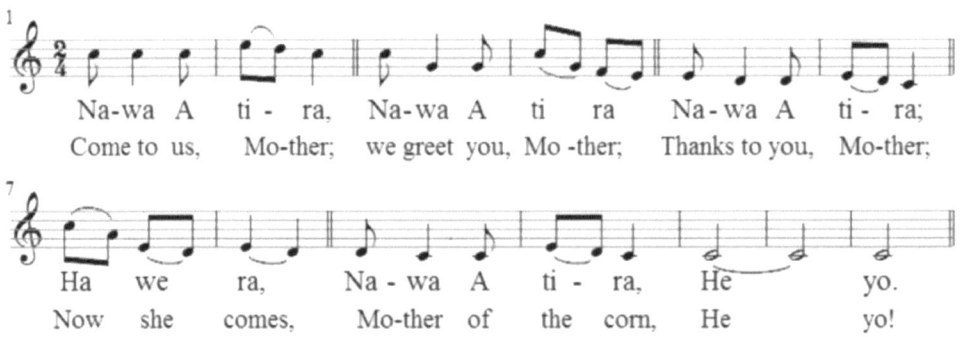

36

V 2. j) Durgha

Durgha ist die am meisten verehrte Göttin in Indien. Sie ist u.a. die Urkraft, die Lebenskraft, die oft „Shakti" genannt wird. Ihr Name bedeutet „die schwer Zugängliche", was sie als Jenseits- und Wiedergeburtsgöttin bezeichnen könnte (Jenseits = der schwer zugängliche Ort).

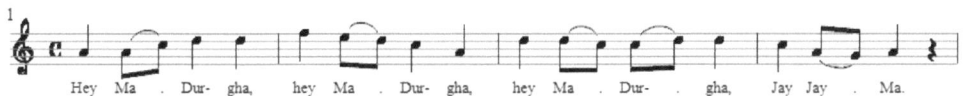

V 2. k) Isis

Text und Melodie: Harry Eilenstein

Dieser Isis-Chant ist auf Altägyptisch verfaßt.
Isis, Isis, netjeret werer, ich di ankh en-i!
Ma'at, hotep, heka, reshut en hehe!
Isis, Isis, netjeret nefer, ich di hai en-i!
Ma'at, hotep, heka, reshut en hehe!

Isis, Isis, große Göttin – gibt mir Leben!
Schönheit, Frieden, Magie, Freude für immer!
Isis, Isis, gute Göttin – gib mir Freude!
Schönheit, Frieden, Magie, Freude für immer!

Ma'at ist die Richtigkeit, das rechte Maß, die Schönheit, die Harmonie und der organische Zusammenhalt. Daraus ergibt sich Hotep, der Seelenfrieden, und Heka, die Magie. Diese führen wiederum zur Freude. Diese Folge kann man als die Grundlage der altägyptischen Weltanschauung ansehen.

V 3.   Die Götter

V 3. a)   Asen

Text: traditionell, Germanen (Skandinavien, Island)
Melodie: Harry Eilenstein

Von den Germanen sind zwar keine Melodien, aber reichlich Zaubersprüche überliefert, sodaß man hier beim Verfassen von Zauberliedern auf alte Texte zurückgreifen kann.

Im Sigdrifa-Lied spricht die Walküre Sigdrifa die folgenden Verse zu ihrem Geliebten Sigurd/Siegfried:

„Heil Dir Tag und Heil euch Tages-Söhnen,
Heil Dir Nacht und nährende Erde:
Mit unzornigen Augen schaut auf uns
Und gebt uns Sitzenden Sieg.

Heil euch Asen, Heil euch Asinnen,
Heil Dir, fruchtbares Feld!
Wort und Weisheit gewährt uns edlen zwein
Und immer heilende Hände!"

Der „Tag" ist der Sonnengott Dag (Tyr); seine Söhne sind die Götter.

Die Nacht- und Erdgöttin ist auch die Jenseitsgöttin, die den ehemaligen Sonnengott-Göttervater Tyr am Morgen wiedergebiert.

„Unzornig" bedeutet „milde, freundlich, wohlgesonnen".

Dieser Text klingt mit gleichlangen Zeilen und gleichem Versmaß in beiden Strophen wie folgt (die betonten Silben sind unterstrichen):

Heil Dir Tag und Heil euch Tages-Söhnen,
Heil Dir Nacht und nähr'nde Erde:
Schaut auf uns mit milden Augen
Und gebt uns Sitzenden den Sieg.

Heil euch Asen, Heil euch Asen-Frauen,
Heil Euch, Früchte-reicher Boden!
Wort und Weisheit gebt uns beiden,
Und heil'nde Hände allezeit!

39

V 3. b) Asen

Text: traditionell, Germanen (Lancashire, England)
Melodie: Harry Eilenstein

Der folgende Spruch wurde erst um ca. 1880 n.Chr. aufgezeichnet, aber er ist offensichtlich schon sehr alt, da er sich noch an Wotan/Odin („Wod") und Loki („Lok") um Hilfe wendet. „God" ist vermutlich der christliche Gott Vater, aber auch der ehemalige Sonnengott-Göttervater Tyr wurde bisweilen „allmächtiger Gott" genannt.

Throice I smoites with Holy Crok,
With this mell oi throice dew knock,
One for God,
An' one for Wod,
An' one for Lok.

Dreimal schlage ich mit dem heiligen Stab,
Mit diesem Hammer klopfe ich dreimal:
Einmal für Gott,
und einmal für Wotan
und einmal für Loki.

Im Original reimen sich diese Sätze, von denen die zweite Zeile sogar noch die variierte Wiederholung der ersten Zeile enthält, die für das Zauberspruch-Versmaß „galdr-lag" der Germanen typisch ist.
Das Wort „mell" ist das lateinische „malleus" für „Hammer".
Der englische Originaltext hat ein durchgebende Versmaß und zudem einen durchgehenden, fünffachen Endreim, sodaß es sich anbietet, den Originaltext für das Zauberlied zu benutzen. Zudem sind 16 der 24 gesprochenen Vokale ein „o" oder „oi" – sozusagen ein durchgehender „Vokalreim".

*Throice I smoites with Holy **Crok**,*
*With this mell oi throice dew **knock**,*
*One for **God**,*
*An' one for **Wod**,*
*An' one for **Lok**.*

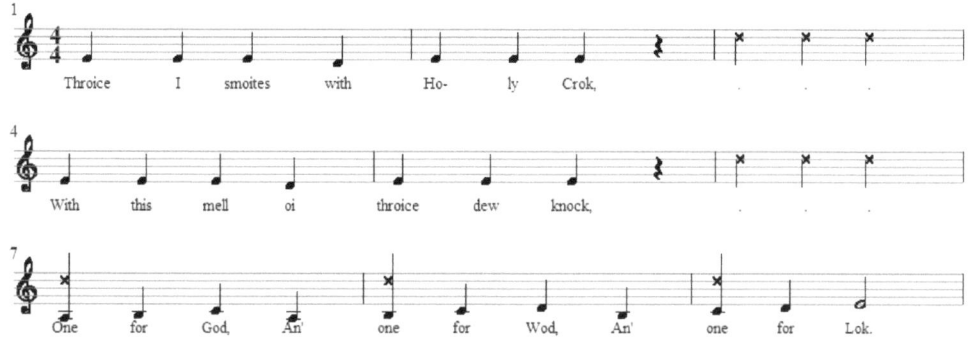

Bei den Noten, die keinen Kreis, sondern ein Kreuz als „Kopf" haben, wird jeweils geklatscht – in den beiden ersten Zeilen am Ende je dreimal und in der letzten Zeile, bei jedem der drei „one" am Zeilenanfang einmal. Dies ist das Klopfen („knock") bzw. Hämmern („smoites"), das in diesen Anrufungs-Versen beschrieben wird.

V 3. c) Asen

Text und Melodie: Harry Eilenstein

Hönir: Priestergott
Tyr: der ehemalige Sonnengott-Göttervater
Thor: der Donnergott
Freyr: der Fruchtbarkeits-, Ernte- und Wohlstandsgott
Rig: Beiname des Himmelswächters Heimdall
Har: Beiname des neuen Schamenengott-Göttervaters Odin

41

V 3. d)   Himmelsgott

Text und Melodie: anonym, aus der Wicca-Tradition

Dieses Lied hat dieselbe Melodie wie das Lied „We all come from the Goddess".

Der Text ist im Original etwas anders als der oben angegebene. Die Silbenzahl in dem ursprünglichen Text fügt sich aber vor allem in der letzten Zeile nicht in die Melodie.

> Originaltext: *We all come from God And to him we shall return Like a spark of fire Soaring to the heavens.*
> veränderter Text: *We all come from the Sky-God And to him we shall return Like a spark of fire up to heaven.*

V 2. e) Sonnengott

Text und Melodie: anonym (indianisch inspiriert)

Text under the music:
The sun he is shin - ing, bright - ly he's shin - ing; the sun he is shin - ing, he's light - ing the way. Fa - ther Sun shine o - ver me, your child I will al - ways be; Fa - ther Sun shine o - ver me, un - til we can see.

V 3. f) Sonne

Text und Melodie: Caballeros del Sol („Sonnen-Ritter") (Spanien)

Text under the music:
So - leil, So - le, Son - ne, Sol

Die beiden letzten Noten, die ein „x" statt einem „o" als „Kopf" haben, werden geklatscht. Die zweite „x"-Note ist genau im Takt, d.h. sie steht da, wo im 1. Takt „leil" und im 2. Takt „-le" beginnt, also am Beginn des 2. Viertels in dem 2/4-Takt. Die erste „x"-Note ist ein schneller Vorschlag vor der zweiten Note. Während dieses Klatschens, das dem sehr einfachen Lied einen deutlichen zusätzlichen Schwung verleiht, atmet man für das nächste Singen der vier Sonnennamen wieder ein.

Das Lied stammt von den spanischen Caballeros del Sol. Diese „Sonnenritter" sind ein spirituell-ökologischer Orden und sozusagen das männliche Gegenstück zu der Wicca-Bewegung, die die alten Naturreligionen in neuen, feministisch-magisch-ökologisch orientierten Hexenkreisen wiederbelebt. Die „Sonnenritter" haben mehrere Tempel in Spanien und nehmen an den meisten Rainbow-Treffen teil.

Dieses Lied ist sehr gut dafür geeignet, um Regenwolken zu vertreiben und die Sonne zu rufen.

V 3. g) Tyr

Text und Melodie: Harry Eilenstein

Tyr ist der ehemalige Sonnengott-Göttervater der Germanen. Der Text besteht aus den Runennamen, die nach Elementen aus den Tyr-Mythen benannt worden sind, sowie aus der Anrufungsformel „Alu".

Alu Teiwaz, Ansuz Thurisaz: Sowilo Dagaz Uruz, Teiwaz!
Alu Teiwaz, Raidho Ehwaz Algiz Algiz Alu Teiwaz!

Teiwaz = Tyr
Ansuz = Ase (Gott)
Sowilo = Sonne
Dagaz = Sonne, Helligkeit, Tag
Uruz = Wasser (Tyr ist nachts in der Wasserunterwelt)
Raidho = Rad (Sonnenrad), Reise (der Lauf der Sonne am Himmel)
Ehwaz = Pferd (vor Tyrs Sonnenwagen)
Algiz Algiz = zwei Elche/Hirsche (vor Tyrs Sonnenwagen)

V 3. h)   Sternentanz

Text und Melodie: traditionell, Pawnee (Nebraska, Kansas, Süd-Dakota)

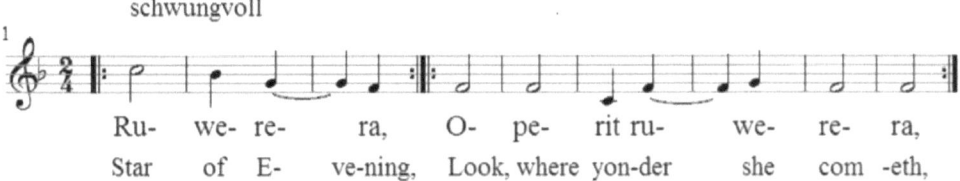

Zu diesem Geistertanz-Lied gibt es viele Strophen und es werden beim Singen oft auch neue spontan erfunden. Die Strophen werden beim Geistertanz jedesmal dann gewechselt, wenn einer der Tänzer so tut, als ob er am Ende der Strophe nicht mehr weitertanzen könnte. Der Tanz beginnt am Abend und endet am Morgen.

Einige dieser Strophen (die nicht alle für die Anrufung des Mondes passen) sind:

> *Ruwerera, ruwerera, Atius ruwerera, Atius ruwerera*
> *Father-Sun* (2x), *Look, where yonder he cometh* (2x)

> *Ruwerera, ruwerera, Atira ruwerera, Atira ruwerera*
> *Mother Moon* (2x), *Look, where yonder she cometh* (2x)

> *Ruwerera, ruwerera, Operit ruwerera, Operit ruwerera*
> *Star of Evening* (2x), *Look, where yonder she cometh* (2x)

> *Ruwerera, ruwerera, Operit ruwerera, Operit ruwerera*
> *Star of Morning* (2x), *Look, where yonder she cometh* (2x)

> *Rerawha-a, rerawha-a, Atira rerawha-a, Atira rerawha-a*
> *Stars of heaven* (2x), *Lo, the many are coming* (2x)

Operit ist der Morgenstern und der Abendstern, die beide die Venus sind – der Vers „Operit ruwerera" hat daher zwei Übersetzungen.

V 3. i)   Shiva

Text und Melodie: vermutlich traditionell, Indien

Shiva, Shiva, Shiva Shambo
Shiva, Shiva, Shiva Shambo

Maha Deva Shambo
Maha Deva Shambo
Maha Deva Shambo
Maha Deva Shambo

Jaya, Jaya, Shiva Shambo
Jaya, Jaya, Shiva Shambo

Maha Deva Shambo
Maha Deva Shambo
Maha Deva Shambo
Maha Deva Shambo

Shiva: Gott der Meditation, der Ekstase, des Tanzes und der Kundalini
Shambo: „Ort der Freude" (ein Beiname des Shiva)
Maha Deva: „Großer Gott" (ein Beiname des Shiva)
Jaya: „Sieg" (Erleuchtung)

V 3. j) Ganesha

Der Elefantengott ist der Helfer bei Gründungen und Anfängen aller Art. Er hilft, Hindernisse aus dem Weg zu räumen. Sein Name bedeutet „Gebieter seines Gefolges".

Om gam ga- na- pa- ta- ye na- ma- ha   Om gam ga- na- pa- ta- ye na- ma- ha

Om: Verinnerlichung, Lenkung der Lebenskraft durch das Dritte Auge
gam: das Mantra für die Meditation über Ganesha
Ganapataye: Beiname des Ganesha; bedeutet ebenfalls „Herr des Gefolges"
namaha: Verehrung

V 3. k) Osiris

Text und Melodie: Harry Eilenstein

Altägyptisch („Hieroglyphen-Sprache"):

Ausar netjer nefer
Ausar ib-i hotep
Ankh her udja reshut
Ankh her udja reshut
Heri ta her cheri pet
Heri ta her cheri pet

Osiris, guter Gott,
Osiris, Gott in meinem Herzen:
Leben, Gesundheit und Freude
Leben, Gesundheit und Freude –
Auf der Erde und unter dem Himmel!
Auf der Erde und unter dem Himmel!

Au- sar net- jer ne- fer, Au- sar ib- i ho- tep;

Ankh her ud- jat re- shut; Ankh her ud- jat re- shut;

He- ri ta her che- ri pet; He- ri ta her che- ri pet;.

V 3. l) Pan

Text und Melodie: Harry Eilenstein

Pan ist ein griechischer Gott mit Ziegenbeinen und Ziegenhörnern, der in der Wildnis lebt. Er ist ursprünglich die (männlichen) Ahnen im Jenseits gewesen, die sich bei ihrer Wiederzeugung, die ihrer Wiedergeburt vorausging, in einen Ziegenbock verwandelt haben.

Hey Io Pan, Io Pan, Io Pan!
  Hey Io Pan! Hey Io Pan!
Play your flute to our dance!
  Hey Io Pan! Hey Io Pan!
Give us more than just one glance!
  Hey Io Pan! Hey Io Pan!
Bring us joy with cup and lance!
  Hey Io Pan! Hey Io Pan!
You are our life's great chance!
  Hey Io Pan! Hey Io Pan!

Pan, Pan, Pan! Pan, Io Pan!
Pan, Pan, Pan! Pan, Io Pan!

Die „x"-Noten in der letzten Zeile sind Sprechgesang, Rufe und evtl. Klatschen.

„Cup and Lance" bezieht sich auf Pans Lieblingsbeschäftigung zusammen mit den Nymphen – wenn er nicht gerade auf seiner Schilfflöte spielt ...

Man kann den Chant evtl. auch mit weniger Versen singen – oder noch welche dazudichten oder das Lied mit Vorsänger (1. Zeilenhälfte) und Chor (2. Zeilenhälfte) singen.

Das Tempo ist am Anfang ungefähr Andante und wird dann allmählich schneller. Falls sich das Ganze dann bei einem schließlich zu hohem Tempo in Chaos und Lachen auflöst, macht das nichts – das ist ganz im Sinne des Pan.

V 3. m)   Ma Yin Bo sei

Text und Musik: traditionell (Japan)

Wie bei vielen Liedtexten ist es auch bei diesem Mantra schwierig, den Ursprung herauszufinden. Für die Richtigkeit der weitverbreiteten Ansicht, daß dieses Lied aus Japan stammt, spricht zumindest das letzte Wort „sei", das als „seii" in Japan „groß" bedeutet und auch in Japan in der Weise wie z.B. im Titel „Karl der Große" verwendet wird. So lautet z.B. „Großer General" auf japanisch „seii-shogun". Bisweilen wird „seii" ähnlich dem indischen „-ji" und dem „-ye" in der Sprache der Navahos als allgemeine Ehrenbezeichnung auch an den Namen einer Person angehängt.

Buddha Avalokiteshvara ist der Buddha des Mitgefühl. Er ist vermutlich die beliebteste Gestalt des Buddha. Sein Sanskrit-Name setzte sich ursprünglich aus „avalokita" („wahrnehmen") und „svara" („Klang, Töne") zusammen und bedeutete daher in etwa „Der der alles hört", womit gemeint ist, daß Buddha Avalokiteshvara die Klagen aller Lebewesen hört und sich deshalb entschlossen hat, erst dann ins Nirvana einzugehen, wenn er allen Lebewesen geholfen hat, zugleich mit ihm zu gehen. Seit ca. 700 n.Chr. wird der Name meist als Zusammensetzung aus „avlokita" („wahrnehmen") und „ishvara" („Herr") gedeutet, d.h. Avalokiteshvara wird als „Der, der in alle Richtungen blickt" oder als „der Herr von allem, was wir sehen (d.h. die Welt)" aufgefaßt.

In Tibet ist er unter dem Namen „Chenrezig" oder „Spyan-ras gzigs" ("der mit dem mitfühlenden Blick") der Schutzpatron des Landes. Der Dalai Lama wird von den Tibetern als eine Inkarnation von Buddha Avalokiteshvara angesehen.

In der Mongolei wird Buddha Avalokiteshvara „Nidubarüsheckchi" genannt, was eine wörtliche Übersetzung aus dem Tibetischen ist.

Buddha Avalokiteshvara wurde auch des öfteren mit der Muttergöttin identifiziert, wodurch z.B. in China die Buddha-Muttergöttin „Kuan-Yin" („die alle Klagen hört") entstand. Dieser Name setzt sich aus „Kuan" („betrachten") und „yin" („Ton") zusammen, was recht genau der Bedeutung von Avalokiteshvara entspricht. In Korea wird diese Buddha-Muttergöttin „Kwan-Am" genannt, in Vietnam „Quan The Am" und in Thailand „Chao Mae Kuan". Auch in Japan wird Buddha Avalokiteshvara als

Göttin angesehen und als Sho Kannon verehrt. Diese Namen sind alle lautliche Weiterentwicklungen von Kuan Yin.

„Ma Yin Bo Sei" scheint daher zunächst einmal ein japanischer Name mit der Ehrenbezeichnung „Seii" am Ende zu sein.

Die Silbe „Ma" ist wahrscheinlich mit dem Namensbestandteil „Am" in dem koreanischen Namen und „Mae" in dem thailändischen Namen Buddha Avalokiteshvaras identisch und würde „Ma Yin Bo sei" damit als Muttergöttin kennzeichnen.

„Bo" ist vermutlich eine Kurzform von Buddha und ließe sich daher mit „erleuchtet" übersetzen.

Die Silbe „Yin" ist sehr wahrscheinlich mit dem „Yin" in dem Namen der chinesischen Buddha-Muttergöttin „Kuan-Yin" identisch.

Man könnte den Namen „Ma Yin Bo Sei" somit als „die verehrte („Sei") Muttergöttin („Ma") des Buddhismus („Bo"), die alle Klagen („Yin") hört" übersetzen. Eine andere Möglichkeit wäre „die verehrte („Sei") und erleuchtete („Bo") Muttergöttin („Ma"), die allen Klagenden („Yin") hilft". Diese beiden Übersetzungen des Namens „Ma Yin Bo Sei" entsprechen genau dem Charakter von Buddha Avalokiteshvara als Muttergöttin bzw. als weiblicher Boddhisattva in China, Korea, Japan, Vietnam und Thailand.

Der Name „Ma Yin Bo Sei" ist demnach nicht speziell japanisch, sondern eher allgemein „fernöstlich".

V 4. Tier-Lieder

V 4. a) Schlange

Text und Melodie: Harry Eilenstein

Die Schlange symbolisiert die Ahnen, die Unterwelt und den Jenseitsweg sowie die Kundalini und allgemein die Lebenskraft. Sie steht auch für den Blick auf das Kleine, das Verborgene und auf den Augenblick.

Dragon, Serpent, Kundalini
Fire glowing, coming up to me;
Wake my chakras, wake my fire,
slither through my life-full body;
hey hey hey Dragon, hey hey hey Serpent
let my life be joy!

51

Dra- gon ., Ser- pent ., Kun- . da- . li- ni, fi- re ., glow- ing ., co- min up to me;

wake my Cha- kras, wake my fi- re, sli- ther through my life- ful bo- dy,

hey hey hey Dra- gon, hey hey hey Ser- pent, let my life be joy!|

V 4. b)   Bär

Text und Melodie: traditionell, Pawnee (Kansas, Nebraska)

Der Bär symbolisiert Kraft, Eigenständigkeit und Selbstbehauptung.

Re ra wha Re - ra wha Re - ra wha
Thea are com -ing, they are com -ing, they are com -ing,

Re - ra wha Re - ra wha Re - ra e - yo
they are com -ing, Lo the vic -tor hosts, e -yo!

Pa- ra- ri- ku ra - tu- ta - o Re - ra wha Re ra e
Forth to meet them go the wo -men with the ris -ing sun, ya, e -yo!

Die Pawnees lebten im Nordosten der Prärie in Nebraska und Kansas und waren u.a. Nachbarn der Cheyenne und der Dakotas.

Dieses sehr alte Lied wurde ursprünglich wohl beim Empfang der Bärenkrieger gesungen, wenn sie bei Sonnenaufgang von einem Kampf zurückkehrten. Später sang es der Bärenclan der Pawnees bei seinen Zeremonien bei Sonnenaufgang.

Der Bär erhält in der Pawnee-Mythologie seine Kraft durch Großvater Sonne und ist daher eng mit ihm verbunden. Das Pawnee-Wort für Bär ist „Kuruks" und kommt nur in dem Titel des Liedes, aber nicht in seinem Text vor.

Dieses Lied hat noch eine zweite Strophe, in der statt der Bärenkrieger die Sonnenstrahlen begrüßt werden – wobei die Bärenkrieger und die Sonnenstrahlen magisch miteinander verbunden und gleichgesetzt sind.

Rasakura rukuksa rerawha
Rerawha rerawha rera e-yo!
Rasakura rura whia rerawha rera e-yo!

Die Bedeutung dieser Zeilen ist:

Now the Sun has sent his rays to Earth,
they are coming, they are coming, they are many, e-yo!
Sunbeams o'er the ground are speeding, they are many, e-yo!

V 4. c) Adler

Text und Melodie: traditionell, Arapaho (nördliche Prärie)

Der Adler symbolisiert den Überblick und die Ausrichtung auf die Ziele und auf das große Ganze.

Dieses Lied erhält seine Dynamik dadurch, daß die Sätze des Textes stets auf dem letzten Viertel des vorhergehenden Taktes beginnen und man dadurch sozusagen nie mit dem Lied „fertig wird": Wenn man den Takt zu Ende singt, hat schon wieder ein neuer Satz begonnen, und wenn man den Satz zu Ende singt, hat schon wieder ein neuer Takt begonnen. Man fliegt sozusagen als Adler immer weiter ... Dieselbe musikalische Struktur findet sich auch bei dem Lied „We all come from the Goddess".

In den Noten oben sind der Übersichtlichkeit halber am Anfang und am Ende jeweils Pausen angegeben. Zwischen zwei Sätzen werden diese aber nicht zu einer 5/4 langen Pause addiert, sondern die Pausen sind immer nur 1/4 lang – so wie in Zeile 1 zwischen „around" und „we circle" oder wie am Anfang von Zeile 2 zwischen „around" und „the boundries".

Ob dieses bekannteste aller Adler-Lieder tatsächlich von den Arapahos stammt, läßt sich mangels eines Textes in der Arapaho-Sprache nicht feststellen.

V 4. d) Adler

Text und Melodie: traditionell, vermutlich Arapaho (nördliche Prärie)

Vermutlich ist dies ein Adler-Lied der Arapahos, da die Worte „Wichi tai" auch in anderen Adler-Lieder der Arapahos vorkommen. Dieses Lied wurde auch als Filmmusik verwendet, wobei auf diese indianischen Verse jeweils die Sätze *„War-spirit's feet are swinging round my head; makes me feel glad that I'm not dead."* folgen.

Vermutlich ist dies eine neue Ergänzung und keine Übersetzung des Arapaho-Textes – schon deshalb, weil der Arapaho-Text viel zu kurz für einen so umfangreichen Gehalt ist. Die Sprache der Arapahos besteht zudem weitestgehend aus wesentlich längeren und komplexer aufgebauten Worten (Vorsilben, Endungen u.a.) als die Worte in dem Liedtext.

V 4. e) Adler

Text und Melodie: traditionell, vermutlich Arapaho (nördliche Prärie)

Von diesem Lied gibt es viele Varianten, die vermutlich alle auf ein einziges Lied zurückgehen, das ursprünglich möglicherweise von den Arapahos stammte.

V 4. f) Die Weiße Büffelfrau

Text und Melodie: Harry Eilenstein

Die Weiße Büffelfrau („Pte-san-win") symbolisiert die Gemeinschaft.

White Buffalo Woman
Milk and warmth and loving arms
Pte-san-win, Pte-san-win

Die „x"-Noten am Schluß werden halb gesungen, halb gesprochen/gerufen („Sprechgesang").

V 4. g)　Wolf

Text und Melodie: traditionell, Dakota (Nord- und Süd-Dakota, Minnesota)

Dieses „Lied des Wolfsgeistes" („Sung-Manitou Olowan") hat der Dakota-Häuptling Graues Pferd, als er mit 27 Jahren auf dem Kriegspfad war, des nachts von den Wölfen selber erlernt. Die Wölfe und auch die den Wölfen noch sehr ähnlichen Hunde waren bei den Dakota und bei den meisten anderen Prärie-Indianern die Symbole und Verbündeten der Krieger.

Dieselbe Vorstellung findet sich auch bei den Indogermanen, bei denen sich die Kriegerbünde auch als Wölfe bezeichneten und sich in Wolfsfelle kleideten. Bei den Germanen finden sich z.B. neben der Berserker-Bären-Schamanen („Bärenfell") die Ulfhedinn-Krieger („Wolfshaut"). Aus dieser Tradition, die sich auch bei den Dakern, Thrakern, Skythen, Römern, Hethitern, Slawen u.a. indogermanischen Völkern findet, sind später dann die Werwolfsagen entstanden, da es die Vorstellung gab, daß sich die Krieger vor dem Kampf in Wölfe verwandelten. Dies geht letztlich darauf zurück, daß die Krieger vor dem Kampf den Wolfsgeist in sich hineinriefen und sich mit ihm erfüllten und dadurch in gewisser Weise tatsächlich zu Wölfen wurden.

In den germanischen Sagen wird mehrfach beschrieben, wie ein Krieger sich in die Wolfs- oder Bärenekstase versetze, in dem er stampfte, schrie und in den Rand seines hölzernen Schildes biß.

Diese Symbolik hat sich bis heute erhalten. So wurden z.B. im 3. Reich die U-Boot-Geschwader „Wolfsrudel" genannt und im englischen gibt es die abwertend gemeinte Bezeichnung „Dogs of War" („Kriegshunde") für Söldner.

Ein umgekehrtes „v" über einer Note bedeutet, daß diese Silbe hervorgehoben und etwas lauter gesungen wird. Die letzte Zeile ahmt das Heulen der Wölfe nach.

V 4. h)   Die Weiße Wölfin

Text und Melodie: Harry Eilenstein

Die Muttergöttinnen der Tiere werden auf Traumreisen sehr oft als ein Tier der betreffenden Tierart gesehen, daß jedoch ca. doppelt so groß ist und aus einem milchigweißen, halb-durchsichtigen Nebel (Lebenskraft) besteht. Daher heißen diese Tier-Muttergöttinnen bei sehr vielen Völkern „Weiße Büffelfrau", „Weiße Wölfin", „Weißer Elefant" usw. Manchmal, allerdings deutlich seltener, wird statt „Weiß" auch „Groß" benutzt.

Moonlight, sniffing all, running fast, houling loud – Uuuuuh!
White Wolf, Mother Wolf, Great Wolf, Moon-Wolf – Uuuuuh!

V 4. i)   Falke

Text und Melodie: traditionell, Pawnee (Nebraska, Kansas)

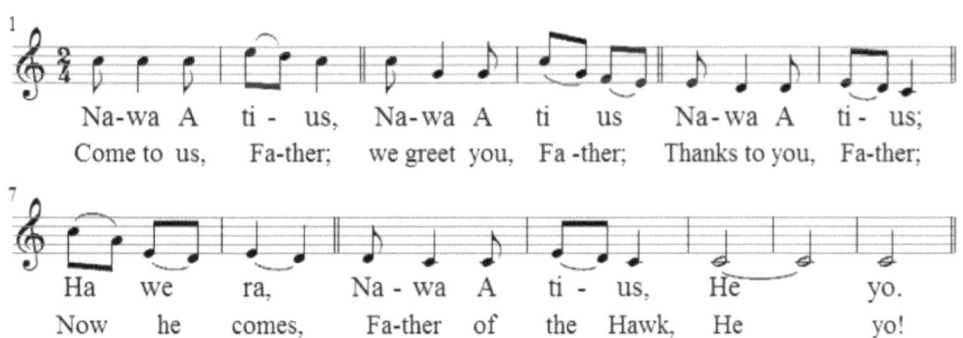

Dieses Lied an den Falken-Vater hat dieselbe Melodie wie das Pawnee-Lied an die Maismutter.

57

V 5. Weltenbaum

V 5. a) Heynitede

Text und Melodie: traditionell, indianisch (nördliche Prärie)

V 5. b) Der Weltenbaum

Text und Melodie: Harry Eilenstein

World-Tree, highest Tree,
Leaves in heaven:
Send us light and send us life!
Roots deep down in Mother Earth.
Send us our totem!
Show us our soul!
Sky, Earth and Tree,
I rest in front of thee!

Totem = Krafttier

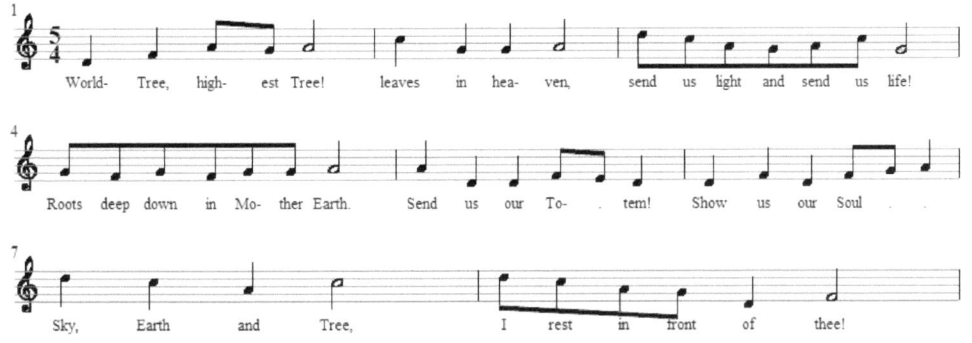

V 6.   Elfen

V 6. a)   Elfen

Text: J.R.R. Tolkien
Melodie: Harry Eilenstein

Das vollständige Lied findet sich im dritten Kapitel des ersten Bandes des „Herr der Ringe". Es richtet sich an die Elfenkönigin Elbereth. Man kann es auch benutzen, um sich zu beruhigen, wenn man z.B. Nachts in einem dunklen Wald eine diffuse Angst hat.

Die erste Strophe lautet:

Snow-white! Snow-white! O Lady clear!
  O Queen beyond the Western Seas!
O Light to us, that wander here
  amid the world of woven trees!

V 7.   Die vier Elemente

V 7. a)   Die vier Elemente

Text und Melodie: Fred Hageneder (aus der MC „Y Saith Gwteiddyn")

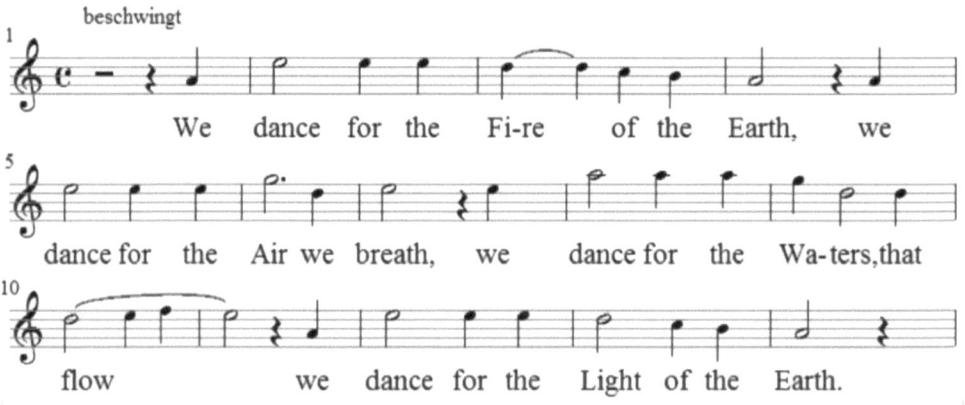

Dieses Lied läßt sich mit leicht veränderter Melodie auch auf deutsch singen:

Je nach Gelegenheit, bei der man das Lied benutzt, kann man in dem Text auch „dance" durch „sing" ersetzen bzw. „tanzen" durch „singen".

V 7. b) Die vier Elemente

Text und Melodie: anonym (nicht indianisch)

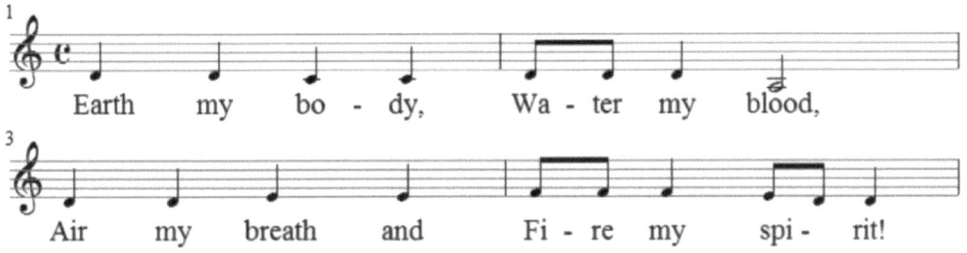

Dieses Lied ist sehr kraftvoll und man sollte es nicht gleich als erstes im Ritual benutzen, da es sozusagen bereits eine Grundlage braucht, um auf diese aufbauend eine Steigerung herzustellen. Dieses Lied ist eindeutig ekstatisch und nicht meditativ.

Dieser Effekt läßt sich noch steigern, indem der Hauptsänger nach einer Weile eine Quinte höher singt als vorher. Erfahrungsgemäß wechseln dann einige weitere Sänger und Sängerinnen ebenfalls in die höhere Tonlage, während andere bei der ursprünglichen Tonlage bleiben. Dadurch entsteht eine noch höhere Intensität des Gesanges.

Von den Noten her sieht diese schlichte Zweistimmigkeit wie folgt aus:

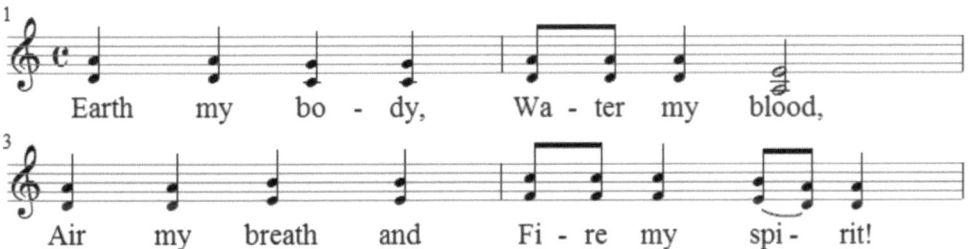

Gegen Ende des Liedes sollte der Hauptsänger dann wieder zur ursprünglichen Tonlage zurückkehren, damit sich die hervorgerufene Intensität in den Sängern verankern und wieder zur Ruhe kommen kann.

Es ist sinnvoll, dieses Lied nicht plötzlich zu beenden, sondern am Ende allmählich leiser zu werden und dann aufzuhören. Danach sollte man allen genügend Zeit dafür lassen, der hervorgerufenen Kraft in sich selber nachzuspüren.

V 7. c) Feuer

Text und Melodie: anonym, indianisch inspiriert

Die Melodie dieses Liedes entspricht der von des Liedes „The river is flowing".

Im Originaltext dieser Strophe steht im Original „destroying" statt „changing". Dieses Wort hat aber eine Silbe zuviel und paßt somit nicht in die Melodie. Daher scheint es mir sinnvoll, es durch „changing" oder „ending" zu ersetzen.

Im Original findet sich statt „Brother Flame" der Ausdruck „Violet Flame", obwohl man aufgrund der anderen drei Strophen, in denen sich „Mother Earth", „Father Sun" und „Sister Moon" finden, hier eigentlich „Brother Flame" erwarten sollte.

V 7. d) Feuer

Text und Melodie: Denean (aus der CD „Fire-Prayer")

Im Original lautet die letzte Zeile „*dry these tears I've cried*". Der oben vorge-
schlagene Vers paßt meines Erachtens besser zu dem eher anrufenden Charakter des

übrigen Textes des Liedes.

V 7. e) Wasser

Text und Melodie: indianisch (vermutlich nördliche Prärie)

Der Text dieses Liedes ist nicht übersetzbar, da es sich um Eingebungen während einer Visionssuche handelt. Solche Texte sind gewissermaßen wie lange und komplexe Namen für das Erlebnis in der Vision. Durch diese „Namen" kann dann die Kraft, die man durch die Vision erlangt hat, wieder wach gerufen bzw. erneut herbeigerufen werden.

V 7. f) Wind

Text und Melodie: Bob Wilkerson (evtl. traditionelles Lied)

Dieses Lied stammt aus neuerer Zeit von Bob Wilkerson – vielleicht hat er es auch nur aufgezeichnet.

Es ist entweder von einer Traumreise mitgebracht worden (dann wären die Worte ungewöhnlich differenziert) oder es ist eine Variation über einen Begriff aus einer indianischen Sprache. Auch der geradlinige 4/4-Takt spricht eher für eine Eigenkomposition, da die meisten Indianerlieder einen „gemischten" Takt haben, der aus 2/4-Takten und 3/4-Takten besteht. Die Melodieführung erinnert jedoch an einige andere indianische Lieder.

V 7. g) Wind

Text: anonym, Germanen (Skandinavien)
Melodie: Harry Eilenstein

Dieser Zauberspruch stammt aus der Saga über König Sverri: *„Du freigiebiger König auf dem Hochsitz der Sonne, wir bitten Dich, gewähre diesem Heer eine schnelle Brise nach Bergen!"*
Der „König auf dem Hochsitz der Sonne" ist der ehemalige Sonnengott-Göttervater Tyr.
Mit Versmaß und gleichlangen Zeilen wird daraus:

Gaben-froher König
auf der Sonne Hochsitz,
Sei uns wohlgesonnen:
Send uns gute Winde!

V 8. Die Gemeinschaft

V 8. a) Begrüßung

Text und Musik: traditionell, Chamush (Süd-Kalifornien)

Dieses Lied hat wie „We all come from the Goddess" einen „verschränkten Takt",
d.h. daß der Text sich nicht in die Takte fügt, sondern daß die Sätze fast immer in den
folgenden Takt hineinragen. Dadurch neigt man dazu, das Lied immer weiter zu
singen – schließlich kann immer nur den Text oder den Takt zu Ende singen, aber nie
beides zugleich. Die 1/8-Pause in dem letzten Takt fügt sich immer wieder in die 5/8-
Pause des ersten Taktes.

V 8. b) Familie

Text und Melodie: vermutlich traditionell, Suaheli-Sprache (Ost-Afrika) (bekannt
durch die Band „Black Blood" als „A.I.E. a Mwana")

aiea mwana ninakwenda kwetu, pamoja na bibi na batoto wote
= Ich gehe heim mit meiner Frau und all unseren Kindern.

aiea mwana sasa iko usiku, tunachoka nini, tuta lala naye
　　= Es ist nun dunkel, wir sind müde, wir gehen schlafen.

baba mama rafiki, bagi ye ni muzuri
　　= Vater, Mutter, Freunde – alle sind gut.

watoto yote yetu, bagi ye ni muzuri
　　= Alle unsere Kinder – sie sind alle gut.

baba mama rafiki, bagi ye ni muzuri
　　= Vater, Mutter, Freunde – alle sind gut.

tunapenda we, hadi sante sana
　　= Wir lieben euch und danken euch sehr.

tunapenda we, hadi sante sana
　　= Wir lieben euch und danken euch sehr.

　Als Wechselgesang ist das Lied wie folgt aufgebaut:

(Frau) *aiea mwana*
(Chor) *ninakwenda kwetu,*
(Chor) *pamoja na bibi*
(Chor) *na batoto wote*

(Frau) *aiea mwana*
(Chor) *sasa iko usiku,*
(Chor) *tunachoka nini,*
(Chor) *tuta lala naye*

(Mann) *baba mama rafiki,*
(Chor) *bagi ye ni mzuri*
(Mann) *watoto yote yetu,*
(Chor) *bagi ye ni mzuri*
(Mann) *baba mama rafiki,*
(Chor) *bagi ye ni mzuri*

(Chor) *tunapenda we,*
(Chor) *hadi sante sana*
(Chor) *tunapenda we,*
(Chor) *hadi sante sana*

Allegretto

a- i- e- a mwa- na; ni- na- kwen- da kwe- tu, pa- mo- ja na bi- bi na ba- to- to wo- te.

a- i- e- a mwa- na; sa- sa i- ko u- siku, tu- na- cho- ka ni- ni, tu- ta la- la na- ye.

ba- ba ma- ma ra- fi- ki, ba- gi ye ni mu- zu- ri;

wa- to- to yo- te ye- tu, ba- gi ye ni mu- zu- ri;

ba- ba ma- ma ra- fi- ki, ba- gi ye ni mu- zu- ri;

tu- na- pen- da we, ha- di san- te sa- na; tu- na- pen- da we, ha- di san- te sa- na.

V 8. c) Ahnen

Text und Melodie: traditionell, Ewe (Ghana, Westafrika)

Adsia dogbelo, meka we enyoto milayowoda;
Adsia dogbelo, meka we enyoto milayo.
Yokoto adiga, todemea yokoto adigo, milewoge;
Adsia dogbelo, meka we enyoto milayo.
Laleh mulo, lale ma hewa,
yeddekanetschitodome laleh mu loh.

Die ersten vier Zeilen werden sehr kraftvoll gesungen, während die beiden letzten Zeilen sehr weich und melodisch klingen sollten. Der Übergang bei der Silbe „he-" in der vorletzten Zeile von e nach fis sollte weich sein. Der Übergang bei der letzten Silbe des Liedes („-lo") ist sehr fließend: zunächst wird das e gehalten, dann sinkt der Ton langsam auf das d herunter und wird dann dort gehalten.

Der Text dieses Liedes beutet sinngemäß: „Hört ihr die Yokoto-Trommeln? Das Ritual beginnt! Kommt, laßt uns hingehen. Kommt, ihr Ahnen aus dem Busch, kommt zu uns zu dem Fest!"

Die Yokoto-Trommeln sind die großen Zeremonial-Trommeln mit einem sehr tiefen Bass. Sie sind gut 2m hoch und werden mit s-förmig gebogenen Trommelschlägern gespielt, damit man sozusagen von unten her das Trommelfell, das man als Trommler gar nicht sehen kann, weil es so weit oben ist, spielen kann.

„Adigo" bedeutet „erklingen"; „todemea" heißt „hörst Du?".

Dies ist ein Lied des Stammes der Ewe in Ghana und wird u.a. unter der Leitung von Papafiu (Ebenezer Quartay) von der Trommel- und Tanz-Gruppe Kalifi („Lebensfeuer") gelehrt. Es wird in der Regel zu einem Kreistanz gesungen, der einen speziellen Grundschritt hat, bei dem man abwechselnd zweimal mit dem linken und zweimal mit dem rechten Fuß auf den Boden stampft.

V 8. d) Liebe

Text und Melodie: vermutlich traditionell, Hopi (Arizona) (überliefert von Foster Perry)

Das Hopi-Wort „Shima" bedeutet „Liebe". Ob es ein traditionelles Lied ist, ist unsicher – überliefert wurde es von Foster Perry. Das Lied läßt sich mit der Ober-Quinte auf eine einfache Weise zweistimmig singen.

V 9.   Die Visionssuche

V 9. a) Visionssuche

Text und Melodie: anonym (indianisch?)

Falls dieses Lied indianisch sein sollte, dann wird es wohl ursprünglich bei der Vorbereitung zu einer Visionssuche gesungen worden sein. Es paßt aber auch sehr gut vor jede andere Gelegenheit, bei der man einen größeren Schritt in „Neuland" hinein unternimmt.

Die zweite Zeile, die betont, daß man seine Erlebnisse zurück zu seiner Gemeinschaft bringen und diese dann mit ihr teilen soll, spricht für einen indianischen

Ursprung, da dieser Gedanke in der westlichen Welt mit ihrer Betonung des Indivi-
dualismus nicht besonders geläufig ist.

V 9. b)   Einweihung

Text und Melodie: traditionell, Chippewa (Kanada, Norden der USA)

Die Chippewa, die auch Ojibwa oder Ojibwe genannt werden, gehören zu der großen Gruppe der Indianer, die eine Algonkin-Sprache sprechen. Sie nennen sich selber
Anishinabe, was „das Erste Volk" bedeutet.

Die erste Einweihung kann sich auf die Trennung der Kinder von der Mutter mit ca.
7 Jahren oder auch auf die Visionssuche beziehen.

V 10.   Sonnentanz-Lieder

V 10. a)   Sonnentanz

Text und Melodie: vermutlich indianisch (nördliche Prärie?)

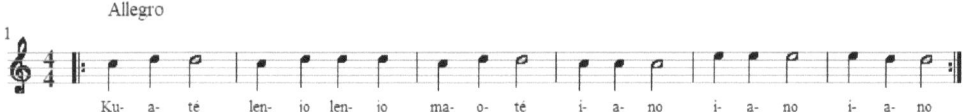

Kuaté lenjo lenjo maoté iano iano iano

Da die Worte dieses Liedes nicht im Gesamtlexikon der indianischen Sprachen zu finden sind, müßte der Text, falls es doch ein indianisches Lied sein sollte, aus einer Visionssuche stammen und in einer nicht bekannten bekannten Sprache verfaßt worden sein (wie dies bei solchen Visionen häufig der Fall ist). In der Regel klingen solche „Visions-Texte" jedoch nicht so deutlich nach konkreten Worten wie die Worte in diesem Lied.

Der Ursprung dieses weitverbreiteten Liedes scheint in Vergessenheit geraten zu sein – zumindest findet sich nirgendwo ein klarer Hinweis darauf, woher es stammt. Darüber, daß es ein Sonnentanzlied ist, besteht weitgehend Einigkeit. Diese Auffassung stimmt auch mit dem englischen Text überein.

Die englische Variante dieses Liedes hat eine leicht abweichende Melodie im zweiten und dritten Takt, da der englische Text nicht dieselbe Silbenlänge hat wie der Originaltext und die Melodieführung nicht zu der Verteilung der Stammsilben in den englischen Worten paßt.

V 10. b)   Sonnentanz

Text und Melodie: traditionell, Arapaho (Wyoming, Colorado, Kansas, Nebraska, Süd-Dakota)

Dieses Lied richtet sich an die oberste Gottheit, an Ichebeniatha. Sein Name bedeutet „Der dort hoch oben". Dieser Gott wird als der Himmel oder die Sonne angesehen und mit „Vater" oder „Großvater" angesprochen, um seine in Bezug auf den Sprecher übergeordnete Stellung auszudrücken.

„Hasse" bedeutet „rohes, ungegerbtes Büffelfell" und bezieht sich auf das Büffelfell, das bei dem Ritual benutzt wurde. „Naad" bedeutet „Lied".

In diesem Lied finden sich zwei typische musikalische Merkmale der Lieder der Arapahos, aber auch anderer Plains-Indianer: Zum einen die in den 2/4-Takt eingeschobenen 3/4-Takte und zum anderen die absteigende Tonfolge mit Tonwiederholung in der Mitte, die meist aus vier Achtelnoten besteht und in diesem Lied z.B. im dritten und im letzten Takt der zweiten Zeile als „cis – h – h – a" auftritt

V 11. Die Chakren

Das erste dieser jeweils zwei Chakra-Chants kann entweder einstimmig gesungen werden (nur die obere Notenzeile) oder zweistimmig (die obere und die untere Notenzeile). Die Melodie ist bei den jeweils ersten Mantra-Chants stets dieselbe.

Die Silbe, die in dem Lied ständig wiederholt wird, ist das traditionelle indische Mantra dieses Chakras.

Die in dem Lied angerufene Gottheit hat einen Charakter, der dem Betreffenden Chakra verwandt ist. Man kann natürlich auch eine andere passende Gottheit wählen, die einem vertrauter ist.

Die Beschreibung des Lichtes und der Hitze („glowing", „burning", „shining" usw.) in dem jeweils ersten Lied entspricht der Wahrnehmung des betreffenden Chakras.

Die Begriffe am Ende der ersten Anrufung („joy", „truth", „wealth" usw.) entsprechen den Qualitäten des betreffenden Chakras.

Man kann die Texte dieser Chakra-Chants natürlich entsprechend den eigenen Ansichten und Absichten umgestalten.

Der jeweils zweite der beiden Chants zu jedem Chakra ist kürzer; die Melodie ist jedesmal anders und an den Charakter des jeweiligen Chakras angepaßt.

V 11. a) Wurzelchakra

Text und Melodie: Harry Eilenstein

V 11. b) Wurzelchakra

Text und Melodie: Harry Eilenstein

V 11. c)   Hara

Text und Melodie: Harry Eilenstein

V 11. d)   Hara

Text und Melodie: Harry Eilenstein

V 11. e)   Sonnengeflecht

Text und Melodie: Harry Eilenstein

V 11. f)   Sonnengeflecht

Text und Melodie: Harry Eilenstein

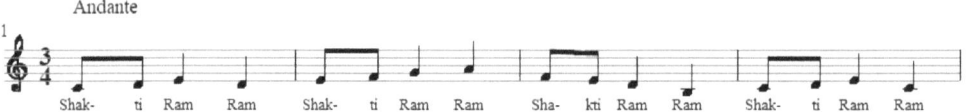

V 11. g)   Herzchakra

Text und Melodie: Harry Eilenstein

„Ausar" ist die altägyptische Schreibweise und Aussprache von „Osiris".

V 11. h)   Herzchakra

Text und Melodie: Harry Eilenstein

V 11. i)   Halschakra

Text und Melodie: Harry Eilenstein

Ma'at ist die ägyptische Göttin der Richtigkeit, der Wahrheit, der Schönheit und somit auch des Lebens und des Gedeihens.

V 11. i)   Halschakra

Text und Melodie: Harry Eilenstein

78

V 11. j)   Drittes Auge

Text und Melodie: Harry Eilenstein

Marduk ist der sumerisch-babylonische Sonnen- und Königsgott.
Man kann statt „Aum" auch das den meisten vermutlich geläufigere „Om" singen.

V 11. j)   Drittes Auge

Text und Melodie: Harry Eilenstein

79

V 11. k)   Scheitelchakra

Text und Melodie: Harry Eilenstein

V 11. l)   Scheitelchakra

Text und Melodie: Harry Eilenstein

V 12. Kampfzauber und Schutzzauber

Das ist eine weit verbreitete Gruppe von Zaubersprüchen, die sich bei fast allen Völkern findet.

V 12. a) Kampfzauber

Text: traditionell, Germanen (Süd-Dänemark)
Melodie: Harry Eilenstein

Auf diesem zwischen 450 n.Chr. und 560 n.Chr. in dem dänischen Ort Lellinge hergestellten Goldblech-Amulett („Brakteat") findet sich nur eine einzige magische Formel, die „salusalu" lautet. Diese Formel läßt sich als S-Rune („Sieg" oder „Sonne") und die Formel „alu" („heilig, Magie") auffassen, die dann, so wie es bei Zaubersprüchen häufig der Fall ist, verdoppelt wurde. Daraus ergeben sich die beiden folgenden Übersetzungs-Möglichkeiten „Sieg-Magie, Sieg-Magie" oder „Magie der Sonne, Magie der Sonne".

Da Tyr bis 500 n.Chr. sowohl der Sonnengott-Göttervater als auch der Kriegsgott („Sig-Tyr") gewesen ist, bezieht sich die Inschrift bei beiden Deutungen auf Tyr.

Salusalu salusalu
Salusalu Tyr!

V 12. b) Befreiungszauber

Text: traditionell, Germanen (Skandinavien, Island)
Melodie: Harry Eilenstein

In dem Lied „Gro-Galdr" („Zauberlied der Groa") lehrt die Erdgöttin Groa („Grüne") dem jungen Sonnengott Tyr-Swidag neun Zaubersprüche. Einer von ihnen lautet:

„Die Bande sollen von Deinen Gliedern fallen
und die Fesseln von Deinen Füßen!"

Mit regelmäßigem Versmaß und regelmäßiger Zeilenlänge lautet dieser Zauber-spruch:

Die Bande fallen von den Gliedern,
die Fesseln springen von den Füßen!

V 12. c) Friedensvertrag

Text und Melodie: traditionell, Chippewa (Kanada, Norden der USA)

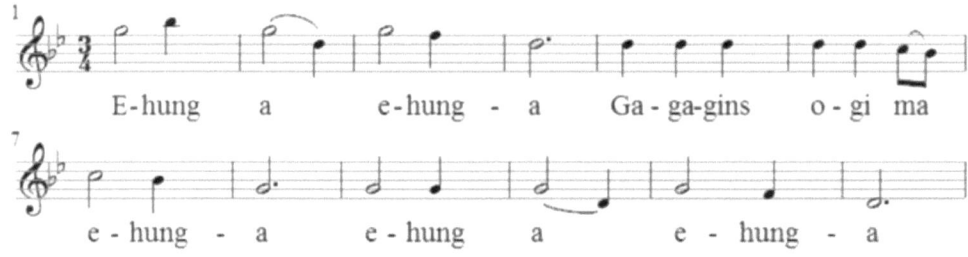

Dieses Lied wird eine Oktave niedriger gesungen als die Noten oben angeben (Bei der Notation in der richtigen Stimmlage wäre die Kombination von Violinschlüssel und Bassschlüssel notwendig gewesen.)

Aus der Tonhöhe ergibt sich, daß dieses Lied vor allem von Männern gesungen wurde.

V 12. d)   Schutzzauber

Text: traditionell, Germanen (Skandinavien, Island)
Melodie: Harry Eilenstein

Aus dem „Zauberlied der Groa":

„Die Stäbe der Urd sollen auf allen Seiten
Deine Wächter sein auf dem Weg, den Du gehst!"

   Mit regelmäßigem Versmaß und regelmäßiger Zeilenlänge lautet dieser Zauber-spruch:

Die Urdar-Stäbe schützen, schirmen,
bewachen Dich auf allen Wegen!

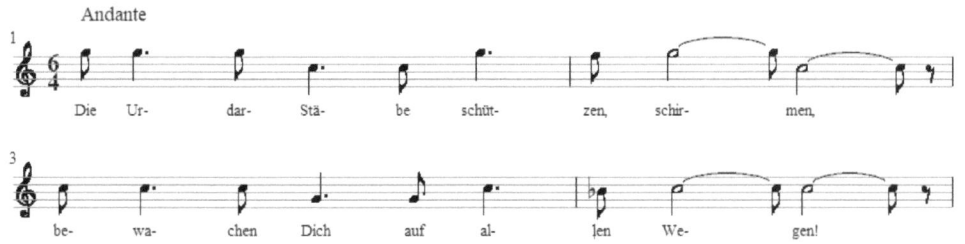

V 12. e)   Schutzzauber

Text: traditionell, Germanen (Skandinavien, Island)
Melodie: Harry Eilenstein

Aus dem „Zauberlied der Groa":

„Deine Feinde sollen in Deine Hände gegeben werden,
wenn sie feindlich gegen Dich wenden!"

   Mit regelmäßigem Versmaß und regelmäßiger Zeilenlänge lautet dieser Zauber-spruch:

Die Feinde fallen vor Dir nieder,
Wenn sie zu ihren Waffen greifen!

V 12. f)   Schutzzauber

Text und Melodie: Harry Eilenstein

Die vier ägyptischen Göttinnen Isis, Nephthys, Neith und Selketh bewachen die vier
Ecken des Sarkophages.
„Ankh hena Sa" bedeutet „Leben und (magischer) Schutz".

V 14. g)   Friggs Reisesegen

Text: traditionell, Germanen (Skandinavien, Island)
Melodie: Harry Eilenstein

Aus dem „Wafthrudnir-Lied":

Frigg: „Heil denn fahre, heil denn kehre zurück, Heil Dir auf Deinen Wegen!"

Mit regelmäßigem Versmaß und regelmäßiger Zeilenlänge lautet dieser Reisesegen:

Heil denn fahre immer,
heil denn kehre immer
wieder in die Heimat,
Heil auf Deinen Wegen!

Die „x"-Noten werden geklatscht, gestampft o.ä.

V 12. h)   Reisesegen

Text: traditionell, Germanen (Skandinavien, Island)
Melodie: Harry Eilenstein

„Möge Odin mit Dir sein!" (Saga über König Olaf den Ruhmreichen)
„Mögen Dir Deine Hände stets gute Dienste leisten!" (Flußtal-Saga)
„Werde es, wie ich es wünsche und stehe dem nichts entgegen!" (Atli-Lied)

Mit regelmäßigem Versmaß und regelmäßiger Zeilenlänge lautet dieser Reisesegen:

Mögen Deine Hände Dir gut dienen – Heil!
Werde es, wie ich es wünsche – Heil!
Nicht ein Hindernis auf allen Wegen!
Möge Odin mit Dir sein für immer!

V 12. i)   Reisezauber

Text: traditionell, Germanen (Skandinavien, Island)
Melodie: Harry Eilenstein

Aus dem „Zauberlied der Groa":

„Zur Hel gehen sie beide: Horn und Ruth,
und sollen die Wasser vor Dir sollen weichen!"

Horn und Ruth: zwei nur sehr selten erwähnte Jenseitsflüsse

Mit regelmäßigem Versmaß und regelmäßiger Zeilenlänge lautet dieser Zauber-spruch:

Zu Hel führt Gjallar und auch Wimur:
Die Wasser sollen von Dir weichen!

Gjallar und Wimur: zwei bekanntere Jenseitsflüsse

V 12. j)   Seereise-Zauber

Text: traditionell, Germanen (Skandinavien, Island)
Melodie: Harry Eilenstein

Aus dem „Zauberlied der Groa":

„Niemals sollen Wind und Wogen Dir schaden
und ruhig sei der Pfad Deines Schiffes!"

Mit regelmäßigem Versmaß und regelmäßiger Zeilenlänge lautet dieser Zauberspruch:

Nie schadet Dir der Wind, die Wogen,
stets friedlich sind die Meerespfade!

V 12. k) Kälteschutzzauber

Text: traditionell, Germanen (Skandinavien, Island)
Melodie: Harry Eilenstein

Aus dem „Zauberlied der Groa":

„Der tödliche Frost soll Deine Glieder nicht fassen
Und heil soll Dein Leib sein!"

Mit regelmäßigem Versmaß und regelmäßiger Zeilenlänge lautet dieser Zauberspruch:

Der Todes-Frost soll Dich nicht fassen,
Und heil soll'n Deine Glieder bleiben!

87

V 12. l)   Schutzzauber

Text: J.R.R. Tolkien
Melodie: Harry Eilenstein

Dieses Lied des Tom Bombadill findet sich im achten Kapitel des ersten Bandes des „Herr der Ringe".

Wenn man dieses Lied benutzt, sollte man z.B. „lads" („Jungs"), aber evtl. auch andere Begriffe so ändern, daß es für den eigenen Zweck paßt.

Die erste Zeile habe ich am Schluß noch einmal wiederholt, weil es bei der Verwendung als Zauberspruches sinnvoll ist, wenn man Schluß noch einmal die eigentlich Absicht wiederholt.

Wake now my merry lads! Wake and hear my calling!
Warm now be heart and limb! The cold stone is fallen;
Dark door ist standing wide; dead hand is broken.
Night under Night is flown, and the Gate is open!
Wake now my merry lads! Wake and hear my calling!

V 13. spezielle Zauber

V 13. a)   Weisheits-Zauber

Text: traditionell, Germanen (Skandinavien, Island)
Melodie: Harry Eilenstein
Aus dem „Zauberlied der Groa":

*„Dein Herz soll einen guten Vorrat an Klugheit haben
und Dein Mund soll voll von weisen Worten sein."*

Mit regelmäßigem Versmaß und regelmäßiger Zeilenlänge lautet dieser Zauber-spruch:

Dein Herz soll stets voll Klugheit leuchten!
Dein Mund sei voll von weisen Worten!

V 13. b)   Wohlstands-Zauber

Text: traditionell, Germanen (Skandinavien, Island)
Melodie: Harry Eilenstein

„Denn diesen Grjotbjörn haben Freyr und Njörd reichlich mit Gütern und Hausrat gesegnet." (Skaldskaparmal)

Mit regelmäßigem Versmaß und regelmäßiger Zeilenlänge lautet dieser Zauber-spruch:

Njörd und Freyr, Wanen:
segnet uns stets reichlich
Ja: mit allen Gütern!

V 13. c) Land-Suche

Text: traditionell, Kelten (Irland)
Melodie: Harry Eilenstein

Von dem Druiden Amairgen ist ein Lied über die Entdeckung Irlands („Erin")
überliefert worden.

Dieser Segen ist zugleich ein Herbeirufe eines fruchtbares Landes, nach dem die
seefahrenden Kelten gesucht haben: Der Text geht von dem Suchenden aus und führt
zu dem Land wobei jede Zeile mit dem Schritt beginnt, mit dem die vorigen geendet
hat – es wird ein Wort am Ende einer Zeile am Anfang der nächsten wiederholt.

„Ich suche das Land, die irischen Insel:
Befahren sei die fruchtbare See,
fruchtbar die Hochebene,
eben der regenreiche Wald,
regenreich die Flüsse mit ihren Wasserfällen,
gespeist von Wasserfällen die Seen und Teiche,
umgeben von Teichen die Hügel mit einer Quelle,
eine Quelle von Menschen die Versammlungen,
in den Versammlungen der König von Temair,
Temair, der Hügel des Volkes,
Volk der Söhne des Mil,
des Mil Barken und Schiffe,
das hohe Schiff Erin,
Erin, hoch und grün."

Dieser Text ist für einen Chant viel zu lang, und muß daher gekürzt werden. Zudem
sollte er allgemeiner gefaßt werden, sodaß man ihn als Zauberlied generell für die
Suche nach einem „guten Ort" verwenden kann.

Das Prinzip der „Schritte" von dem Ende der eine Zeile zu dem Anfang der nächsten Zeile sollte auch beibehalten werden – man nähert sich schrittweise seinem Ziel.

Diese lyrische Gestaltungsprinzip kann man magisch durch eine Imagination unterstützen: Man sendet von seinem Sonnengeflecht einen oder mehrere Lichtfäden aus, die in die Welt hinausgehen und zu bestmöglichen Ort gelangen, sodaß man selber mit diesem Ort verbunden ist und ihm dann begegnen wird. Dieses Verfahren läßt sich natürlich für alles anwenden, was man sucht, und nicht nur für Orte.

Ich suche das Land, ich suche den Ort,
den Ort des Gedeihens, den Platz des Friedens,
den Frieden im Heim, im fruchtbaren Feld,
das Feld der Erfüllung hab' ich nun gefunden.

V 13. d)   Seher-Lied

Text und Melodie: traditionell, Dakota (Nord- und Süd-Dakota, Minnesota)

Dieses Lied singt der Schamane bevor die Krieger in den Kampf ziehen und verkündet darin jedem von ihnen, was ihr Schicksal sein wird. Der Kreis ist der Kreis der Tipis, in dessen Mitte der Schamane lange in einem für diesen Zweck errichteten Tipi saß und in Trance die Schicksale der einzelnen Krieger erforschte, bevor er dann das Leid sang und seine Visionen verkündete. Bevor er dieses Lied sang, fertigte er Amulette mit Heiligen Zeichen zum Schutz für die Krieger.

Bei diesem Lied ist die eingängige Melodie recht auffällig.

gemäßigtes Tempo

Ai ya he ye, Ai ya he ye, Ai ya he ye, Ai ya he ye,

Ai ya he ye, Ai e ya e ye, Ai ya he yu he yu

Ho co - ka wan ci cu- qon yu - ton kal nun-we he ai yu
In this cir -cle, o ye war-riors, Lo, I tell you each his fu-ture

E ai yu hi e ya e ai yo he yu
All shall be as I now re -veal it; in this Cir-cle, hear you!

V 13. e) Heilungszauber

Text: traditionell, Germanen (Dänemark)
Melodie: Harry Eilenstein

Um ca. 800 n.Chr. wurde in dem Ort Ribe in Dänemark ein menschlicher Totenschädel mit einem Zauberspruch beschrieben, der wie folgt lautet:

„Mögen Ulfur und Odin und Hydyr dem Buri gegen Schmerzen und Zwergenschlag helfen!"

Ulfur („Wolf"), Odin und Hydyr sind Odin, Loki (Ulfur) und Hönir (Hydyr), die in der germanischen Überlieferung oft gemeinsam auftreten. Loki ist nach seinem Sohn, dem Fenris-Wolf, als „Wolf" benannt worden.
An die Stelle des Namens „Buri" sollte man den Namen des Kranken setzen, für den man dieses Lied singt.

Helfe Ulfur! Helfe Odin!
Helfe Hönir diesem Buri, diesem Buri!
Gegen Schmerzen, gegen Leiden!
Heil wird er rasch werden!

V 13. f) Heilungs-Lied

Text und Melodie: traditionell, Cheyenne (Norden der Prärie)

Nahios-si („drei Finger") gehörte zu den Cheyenne, die im Norden der Prärie in Colorado, Kansas, Nebraska, Wyoming und Süd-Dakota leben. In ihrem „The Indian's Book" erzählt Natalie Curtis die Geschichte dieses Liedes:

Die Macht zu heilen wurde Nahios-si in einer nächtlichen Vision gegeben. In einem Traum stand er aufrecht da und blickte nach Osten. Als in seinem Traum der Tag anbrach, erschien ihm ein Habicht und sprach zu ihm: „Ich wurde mit einer Botschaft zu dir gesandt."

Da fragte Nahios-si den Falken: „Wer bist Du?" Und der Falke antwortete: „Macha-Mahaiyu, das Große Geheimnis, hat mich zu Dir gesandt, um Dir zu sagen, daß Du fortan die Kraft haben wirst, alle Arten von Krankheiten unter den weißen Menschen und den schwarzen Menschen und auch unter Deinen eigenem Volk sowie unter den Tieren zu heilen."

So brachte der Habicht Kraft und Wissen zu Nahios-si und der Habicht sang ihm auch das Lied, das Nahios-si fortan bei seinen Heilungen sang.

Auf diese Weise wurde Nahios-si zu einem Medizinmann. Um die Kranken zu heilen, braute er entsprechend den Anweisungen des Habichts einen Trank aus Wacholder und aus wildem Anis. Dieser Trank hatte große Heilkraft. Nahios-si blieb die ganze Nacht neben den Kranken und sang sein Heilungslied bis kurz vor Sonnenaufgang.

Und dann kamen, gerade so wie es der Habicht vorhergesagt hatte, sowohl weiße Menschen und schwarze Menschen als auch Menschen aus seinem eigenen Volk, zu Nahios-si, um geheilt zu werden. Und für alle Menschen und Tiere sang er sein Lied. Der Habicht erschien ihm noch oft im Schlaf und lehrte im Weisheit und gab ihm die Kraft zu heilen."

Diese Geschichte weist wieder eine große Ähnlichkeit zu den Mythen über den Gral auf.

Der Habicht ist wie der Adler das Tier des Ostens, weshalb Nahios-si in seinem Traum nach Osten gewandt steht und den Sonnenaufgang beobachtet, als ihm der Habicht erscheint. Der Habicht hat große Ähnlichkeit mit der Taube im Christentum als Symbol des Heiligen Geistes.

Der Vers „By night I go my way unseen" könnte sich auf die Astralreise beziehen, bei der man für die meisten Menschen ebenfalls unsichtbar ist – aber diese Interpretation ist nicht sicher.

Der Habicht könnte das Krafttier von Nahios-si sein – zumindest können Krafttiere einem Menschen auf ähnliche Weise im Leben helfen.

V 13. g)   Hilfe-Zauber

Text: traditionell, Germanen (Skandinavien, Island)
Melodie: Harry Eilenstein

In dem „Zauberlied der Groa"):

„ Von Deinen Schultern soll fallen, alles Unbill, daß Dich schüttelt,
Du sollst Helfer haben!"

Mit regelmäßigem Versmaß und regelmäßiger Zeilenlänge lautet dieser Zauber-
spruch:

Von Deinen Schultern fällt das Unbill,
Und Du sollst immer Helfer haben!

V 13. h)   Wanderlied der Hobbits

Text: J.R.R: Tolkien
Melodie: Harry Eilenstein

Dieses und das nächste Lied sind einfach Wohlfühl-Lieder.

Upon the hearth the fire is red,
Beneath the roof there is a bed;
But not yet weary are our feet,
Still round the corner we may meet
A sudden tree or standing stone,
That none have seen but we alone.
* Tree and flower and leaf and gras,*
* Let them pass! Let them pass!*
* Hill and water under sky,*
* Pass them by! Pass them by!*

Die übrigen Strophen dieses Wander-Liedes der Hobbits findet sich im dritten Kapitel des ersten Bandes der „Der Herr der Ringe".

V 13. i)   Badelied der Hobbits

Text: J.R.R: Tolkien
Melodie: Harry Eilenstein

Sing hey! for the bath at close of day
That washes the weary mud away!
A loon is he that will not sing:
O! Water Hot is a noble thing!

Die übrigen Strophen dieses Wander-Liedes der Hobbits findet sich im fünften Kapitel des ersten Bandes der „Der Herr der Ringe".

Bücher von Harry Eilenstein

Astrologie

- Astrologie (496 S.)
- Photo-Astrologie (428 S.)
- Die astrologischen Aspekte (88 S.)
- Horoskop und Seele (120 S.)

Magie

- Handbuch für Zauberlehrlinge (408 S.)
- Telepathie für Anfänger (S.)
- Tarot (104 S.)
- Physik und Magie (184 S.)
- Die Magie-Formel (156 S.)
- Krafttiere – Tiergöttinnen – Tiertänze (112 S.)
- Schwitzhütten (524 S.)

Meditation

- Der Lebenskraftkörper (230 S.)
- Die Chakren (100 S.)
- Das Chakren-System mit den Nebenchakren (296 S.)
- Meditation (140 S.)
- Drachenfeuer (124 S.)
- Reinkarnation (156 S.)

Kabbala

- Kursus der praktischen Kabbala (150 S.)
- Eltern der Erde (450 S.)
- Blüten des Lebensbaumes:
    - Die Struktur des kabbalistischen Lebensbaumes (370 S.)
    - Der kabbalistische Lebensbaum als Forschungshilfsmittel (580 S.)
    - Der kabbalistische Lebensbaum als spirituelle Landkarte (520 S.)

Religion allgemein

- Muttergöttin und Schamanen (168 S.)
- Göbekli Tepe (472 S.)
- Totempfähle (440 S.)
- Christus (60 S.)
- Dakini (80 S.)

- Vajra (76 S.)

Ägypten

- Hathor und Re 1: Götter und Mythen im Alten Ägypten (432 S.)
- Hathor und Re 2: Die altägyptische Religion – Ursprünge, Kult und Magie (396 S.)
- Isis (508 S.)

Indogermanen

- Die Entwicklung der indogermanischen Religionen (700 S.)
- Wurzeln und Zweige der indogermanischen Religion (224 S.)

Germanen

- Die Götter der Germanen (88 Bände)
- Odin (300 S.)

Kelten

- Cernunnos (690 S.)
- Der Kessel von Gundestrup (220 S.)
- Der Chiemsee-Kessel (76)

Psychologie

- Über die Freude (100 S.)
- Das Geheimnis des inneren Friedens (252 S.)
- Das Beziehungsmandala (52 S.)
- Gefühle und ihre Verwandlungen (404 S.)
- einsgerichtet (140 S.)
- Liebe und Eigenständigkeit (216 S.)
- Von innerer Fülle zu äußerem Gedeihen (52 S.)
- Die Symbolik der Krankheiten (76 S.)

Kunst

- Herz des Tanzes – Tanz des Herzens (160 S.)

Drama

- König Athelstan (104 S.)

Die Themen der 88 Bände der Reihe „Die Götter der Germanen"

1. Die Entwicklung der germanischen Religion
2. Lexikon der germanischen Religion

3. Der ursprüngliche Göttervater Tyr
4. Tyr in der Unterwelt: der Schmied Wieland
5. Tyr in der Unterwelt: der Riesenkönig   Teil 1
6. Tyr in der Unterwelt: der Riesenkönig   Teil 2
7. Tyr in der Unterwelt: der Zwergenkönig
8. Der Himmelswächter Heimdall
9. Der Sommergott Baldur
10. Der Meeresgott: Ägir, Hler und Njörd
11. Der Eibengott Ullr
12. Die Zwillingsgötter Alcis
13. Der neue Göttervater Odin   Teil 1
14. Der neue Göttervater Odin   Teil 2
15. Der Fruchtbarkeitsgott Freyr
16. Der Chaos-Gott Loki
17. Der Donnergott Thor
18. Der Priestergott Hönir
19. Die Göttersöhne
20. Die unbekannteren Götter
21. Die Göttermutter Frigg
22. Die Liebesgöttin: Freya und Menglöd
23. Die Erdgöttinnen
24. Die Korngöttin Sif
25. Die Apfel-Göttin Idun
26. Die Hügelgrab-Jenseitsgöttin Hel
27. Die Meeres-Jenseitsgöttin Ran
28. Die unbekannteren Jenseitsgöttinnen
29. Die unbekannteren Göttinnen
30. Die Nornen
31. Die Walküren
32. Die Zwerge
33. Der Urriese Ymir
34. Die Riesen
35. Die Riesinnen
36. Mythologische Wesen
37. Mythologische Priester und Priesterinnen
38. Sigurd/Siegfried
39. Helden und Göttersöhne

40. Die Symbolik der Vögel und Insekten
41. Die Symbolik der Schlangen, Drachen und Ungeheuer
42. Die Symbolik der Herdentiere

43. Die Symbolik der Raubtiere
44. Die Symbolik der Wassertiere und sonstigen Tiere
45. Die Symbolik der Pflanzen
46. Die Symbolik der Farben
47. Die Symbolik der Zahlen
48. Die Symbolik von Sonne, Mond und Sternen
49. Das Jenseits
50. Seelenvogel, Utiseta und Einweihung
51. Wiederzeugung und Wiedergeburt
52. Elemente der Kosmologie
53. Der Weltenbaum
54. Die Symbolik der Himmelsrichtungen und der Jahreszeiten
55. Mythologische Motive

56. Der Tempel
57. Die Einrichtung des Tempels
58. Priesterin – Seherin – Zauberin – Hexe
59. Priester – Seher – Zauberer
60. Rituelle Kleidung und Schmuck
61. Skalden und Skaldinnen
62 Kriegerinnen und Ekstase-Krieger

63. Die Symbolik der Körperteile
64. Magie und Ritual
65. Gestaltwandlungen
66. Magische Waffen
67. Magische Werkzeuge und Gegenstände
68. Zaubersprüche
69. Göttermet
70. Zaubertränke
71. Träume, Omen und Orakel
72. Runen
73. Sozial-religiöse Rituale

74. Weisheiten und Sprichworte
75. Kenningar
76. Rätsel

77. Die vollständige Edda des Snorri Sturluson
78. Frühe Skaldenlieder
79. Mythologische Sagas
80. Hymnen an die germanischen Götter